典藏版 鐵道新旅

Taiwan Railways 6 北迴・屏東・南迴線

北迴・屏東・南迴線—41站全覽

⬆ 華源海灣，海灣末端即為台東市區。攝影／古庭維

walkers
遠足文化
Walkers Cultural

CONTENTS

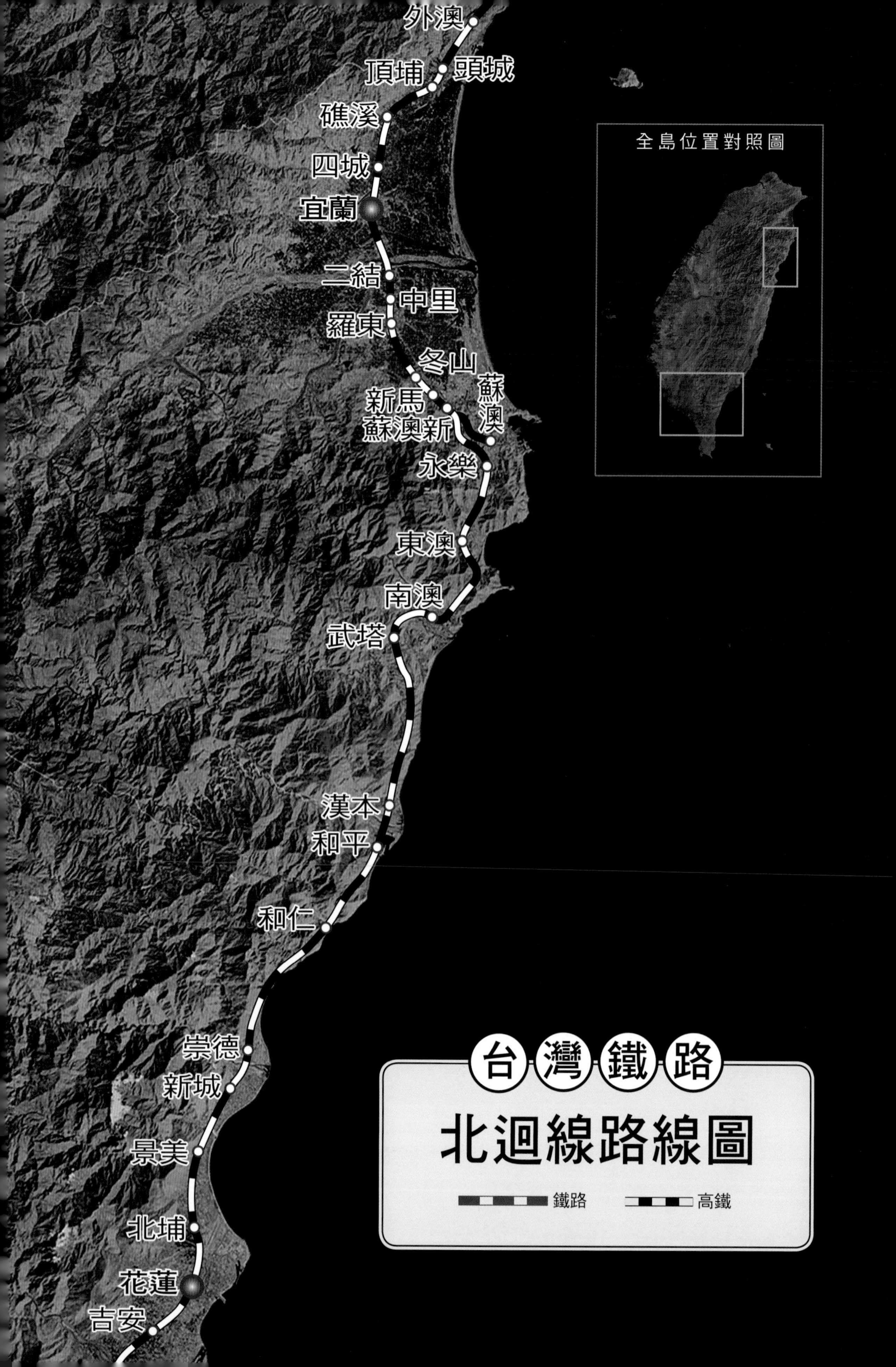
台灣鐵路
北迴線路線圖
鐵路
高鐵
全島位置對照圖
外澳
頭城
頂埔
礁溪
四城
宜蘭
二結
中里
羅東
冬山
新馬
蘇澳新
蘇澳
永樂
東澳
南澳
武塔
漢本
和平
和仁
崇德
新城
景美
北埔
花蓮
吉安

台灣鐵路
屏東、南迴線路線圖
鐵路
高鐵
N
臺南站
沙崙
長榮大學
岡山
橋頭
楠梓
左營站
高雄
鳳山
後庄
九曲堂
六塊厝
屏東
歸來
麟洛
西勢
竹田
潮州
崁頂
南州
鎮安
林邊
佳冬
東海
枋寮
加祿
內獅
枋山
枋野
古莊
大武
瀧溪
金崙
太麻里
知本
康樂
臺東

鐵道新旅
Taiwan Railways

莒光號行經南迴線著名的秘境車站──枋野／攝影／古庭維

北迴線・現役車輛

文／圖 籃一昌

離開廣闊的蘭陽平原，穿越工業區林立的蘇澳地區之後，鐵路即向連續隧道群而去，進入了北迴線。東側比鄰美麗太平洋、西側與巍峨中央山脈平行而進，一直都是北迴線獨有的招牌風景，同時肩負著往返台北到花蓮，乃至台東的交通輸運，使得北迴線在環島鐵路網上有不可或缺的定位。在面對大量團體旅客湧入台灣東部，蘇花改工程如火如荼的進行之下，將對北迴線帶來全新的衝擊。

⬆ 在普悠瑪號全數投入營運後，逐漸在北迴線上式微的柴聯自強號。

自強號

普悠瑪號（TEMU2000型傾斜式電聯車）於二〇一四年全數上線後，宜蘭線及北迴線上的「自強號」泰半由此型列車擔任往返樹林到花蓮以及樹林到台東之間，曝光率非常高；相較於此，第一代傾斜式電聯車TEMU1000型「太魯閣號」僅有六列編成，因此在路線上較少見，多擔任跨線班次，並在之前的改點中，延長行駛至台東線的壽豐站。

曾經是東部幹線招牌的柴聯自強號，過往班次大部分由行駛速度快的普悠瑪號所替代，現今每日大約剩下十個往返，並且DR3100型柴聯車在二〇一四年七月的改點中，淡出北迴線上。西部主力的推拉式自強號（PP車）也可在北迴線上發現其蹤影，多數列次擔任跨線的長程列車。

莒光號

在台鐵逐一簡化車種，以及淘汰摺疊門車廂的政策下，過去帶給

⬆ 北迴線上仍算少數的區間車，多由二代通勤電聯車 EMU500 型擔任。

⬇ 熟悉的橘色莒光身影，通過即將收成的稻田。

大眾平價舒適印象的莒光號，在北迴線上每日剩餘不到十列次往返，自動門及摺疊門車廂的班次大約各占一半的比例。東部幹線現行逢周末開行的莒光號夜行列車616次以及655次，則是使用自動門車廂行駛。

復興號

北迴線上的復興號，目前主要是疏運大量的團體旅客而開行，並身兼通勤與紓解假日旅運人潮之任務。另外由於蘇花公路的安全性疑慮，台鐵特別在683次／684次復興號尾端，加掛RCK車廂做汽車運送服務，提供用路人利用鐵路往返於宜蘭花蓮間，而699次在車尾有加掛一輛電源行李車廂(PBK)，形成特殊的列車畫面。

區間車／區間快車

北迴線上的區間車／區間快車，大多數由EMU500型電聯車擔任，偶有EMU700型支援部分編組任務，而台鐵最新型的EMU800型電聯車，目前僅有自台中沙鹿開往花蓮的長途跨線區間快車1552次以及花蓮回到蘇澳新站的4043次擔任。區間快車是近年來鐵公路聯運發達下的產物，採取跳站式停靠站，以縮短往返羅東＝花蓮間的行車時間。

⬆ 多擔任團體列車功用的復興號，奔馳於清水斷崖美景旁。

屏東線／南迴線‧現役車輛

文／圖 籃一昌

屏東線為連接高雄、屏東兩大南國都市的鐵路交通要衝。熱帶植栽以及魚塭經常比鄰鐵路兩側，農業氣息相當濃厚，塑造愜意的旅行氛圍。屏東到潮州段路段於二〇一五年八月二十三日切換至高架電氣化雙軌路線，西部幹線電氣化南端延伸至潮州，寫下歷史新頁。南迴線為台灣環島鐵路最後完工的路線，由於行經中央山脈尾端，再沿著太平洋筆直北上至台東，沿途有80%的路線為隧道及橋梁，多是人煙罕至的部落，也讓南迴鐵路蒙上了一層神秘的面紗。

自強號

由於屏東線／南迴線多數路段為非電氣化區間，自強號主力仍是柴聯車當道，無論是DR2800、DR2900、DR3000、DR3100型柴聯車皆可在路線上尋得其芳蹤。在南迴線電氣化的計畫逐漸明朗之下，柴聯自強號的存廢，也將是近年來即將面對的課題。而推拉式自強號（PP）在屏潮電氣化通車後，已經延伸行駛至潮州。

莒光號

由於柴聯自強號自花東鐵路電氣化完工後，大舉退出東部長途營運，而台鐵將柴聯車班次取代部分莒光號，導致屏東線／南迴線上目

一日一往返的全台唯一藍皮普通車，在太平洋的陪襯下格外顯眼！

前僅存約莫八至十個班次往返高雄台東之間，其中因應國人自行車旅遊風氣盛行，部分班次附掛「兩鐵車廂」供車友使用。

復興號

屏東線／南迴線上目前有週六日開行的781次／782次復興號，往返於新左營台東之間，曾經打出高雄地區往返台東一六〇元優惠票價吸引旅客搭乘，也深受好評，而如今成功培養客源後，便取消優惠價格，採復興號／區間車票價實施。另外因應屏東線潮州以北電氣化後列車班次在潮州以南間距過大的影響以及通勤需求，另外開行783次／784次在週一至週五往返於潮州至枋寮間，和週一與周六兩日開行582次往返於潮州至新左營間。

區間車

屏東線上的區間車，行經非電化區間目前有兩種型態，其一是由兩輛柴電機車於列車兩端擔任本務，加上電源車以及復興號車廂五至六輛作為一列，往返於潮

早晨首班復興車廂的區間車，披著晨光即將駛入內獅車站。

南迴線由於全線尚未電氣化，自強號全數由柴聯車擔任。

州＝枋寮此區間；其二則是由台東機務分段的單組柴聯車擔綱此任務。另外在高雄至潮州電化區間內，也可看到行駛於潮州＝嘉義／斗六的EMU500或是EMU800型電聯車。

南迴線上的區間車，則是採用柴電機車＋電源車＋復興號車廂六輛作為一列的編組，每日一往返於高雄台東之間，替代掉先前由普快車所擔任的班次。

普快車

花東鐵路電氣化後，全台僅存的車種——普快車僅行駛在南迴鐵路上，並由藍皮(SPK、TPK)車型擔任，十一點由枋寮站發車，回程台東十六點發車，每日一往返。由於此款車型老舊，但保有以往列車風貌，台鐵有意在近年將此款車退出正班車行列，因此吸引了國內外無論是一般旅客或是鐵道迷所慕名搭乘。

柴電機車牽引的觀光列車附掛莒光號車廂，行經充滿南國氣息的枋寮魚塭。

2015 年 10 月 15 日改點後，潮州至枋寮間的區間車，以前後一輛柴電機車包夾復興車廂行駛，以節省潮州站折返時，進入潮州基地將柴電機車轉向所需要的時間。
攝影／楊庭硯

2015 年 10 月 15 日改點後，潮州至枋寮間區間車之第二種運轉模式，由台東機務分段單組柴聯自強號擔任行駛。
攝影／楊庭硯

北迴線・特殊列車

⬆ 同是在花蓮機廠維修的 DHL 柴液機車，也會不定期在路線上試運轉。（攝影／林韋帆）

⬆ 花蓮機廠為維修柴聯車的基地，出廠後例行性在北迴線試運轉。（攝影／林韋帆）

↑ 短暫由重聯機車牽引著中國鋼鐵公司的半高櫃石礦列車，賣力往和平邁進。（攝影／籃一昌）

↓ 所屬台灣水泥公司運行的石灰石原料列車，亦是使用重聯機車牽引。（攝影／籃一昌）

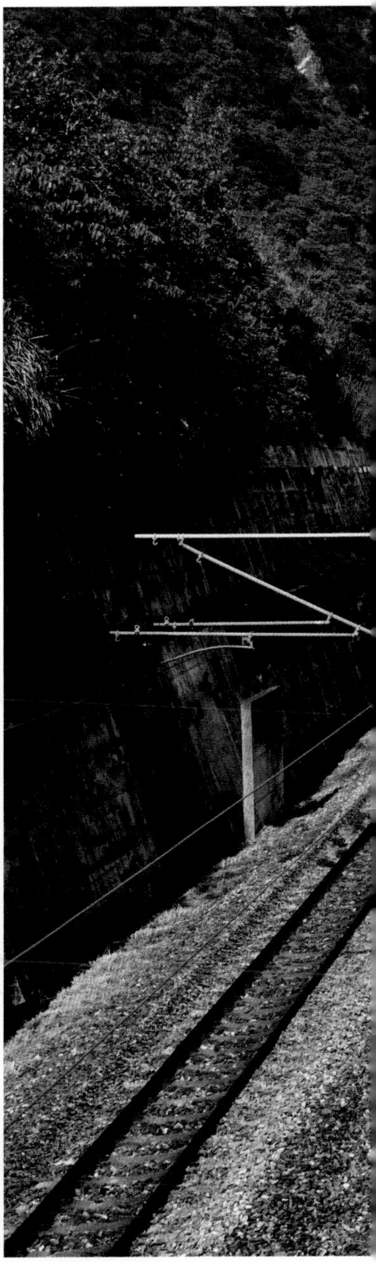

↑ 修復完成後配置於花蓮的 CT273 蒸汽機車，在路線上進行司機訓練及試運轉。（攝影／王志誠）

← 北迴線上臨時的團體專車，使用東部地區難得一見的藍色 R40 號機擔任。（攝影／翁林玄能）

屏東線／南迴線・特殊列車

⬆ 因應高雄機廠專車需要，由 7802 次貨物列車迴送兩顆藍色 R100 型柴電機車。
（攝影／ 籃一昌）

⬅ 曾擔任多次台鐵活動的白鐵 DR2700 型，經由南迴線迴送至台東機務分段。
（攝影／柯盛文）

⬇ 兩輛 E1000 型電力機車，通過新舊橋共存的高屏溪。（攝影／楊庭硯）

自停駛後失修的冷氣平快車廂，由 7802 次貨物列車迴送高雄，準備進廠重獲新生。（攝影／柯盛文）

因應花東線電氣化試車需要，結束後經南迴線迴送西部的 EMU500 型通勤電車。（攝影／楊庭硯）

年度防暴演習所開行的專車，行駛於新造的東港溪橋。（攝影／楊庭硯）

EMU300 型自強號電聯車，於之前迴送至南州秦楊工廠改造自動門。（攝影／楊庭硯）

與屏東・南迴線
各站停車

文／陳穩立（北迴線）、蘇綮豪（屏東・南迴線）

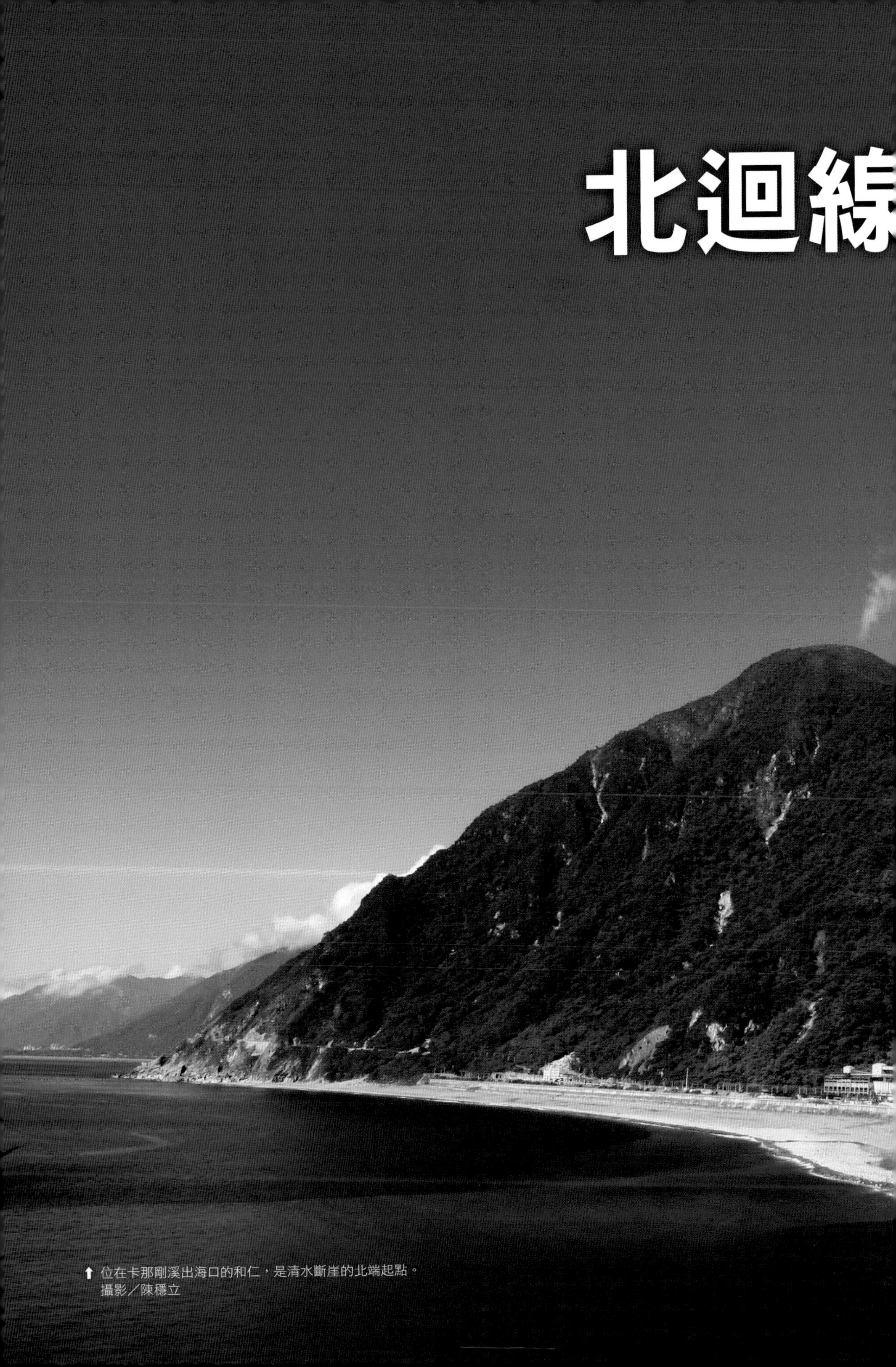

⬆ 位在卡那剛溪出海口的和仁，是清水斷崖的北端起點。
攝影／陳穩立

北迴線

North-Link Line

連結蘇澳與花蓮的北迴線，興建於一九七〇年代，為當年十大建設之一，是台鐵少數賺錢的黃金路線，每逢周末假日更是一票難求。北迴線通車後，不僅促進了東西交流、更帶動東部地區觀光產業的發展與天然資源的開發；大量的旅運需求超出原本規劃，使得單線非電氣化的路線逐漸不敷使用，為解決供給不足之窘境，展開雙線化與電氣化之工程，全線工程完工後，總長七十九・二公里，雖然長度不長，但匯集了山地峽谷、海岸斷崖、平原等地形，相當緊湊精彩。

北迴線由蘇澳新站出發後，沿山而行、連接東澳、南澳與武塔等泰雅部落。離開蜿蜒的山岳路段、沿東海岸邁進，沿路有著大大小小的斷崖，其中以清水斷崖最為聞名；直到工程技術進步的今日，由海面直上天際的清水斷崖，依舊為南北往來的天然屏障，也是工程最為艱難之處。今日鐵路以隧道克服天然障礙，縮短了旅行時間，但也少了些許的景色。最後一段為平原段，高山與田野一路相伴，直到終點花蓮。北迴線從崇山峻嶺，到壯闊海岸，最後以恬靜田野收尾，宛如三個主題鮮明的交響樂章，一路上先民開墾的足跡、原住民聚落、定置漁場、水泥工廠，以及來來往往的貨物列車，點綴了北迴線的樂章，使北迴線的車窗風景增色不少。

↑ 當旅客看見美崙山與花蓮港線分歧點時，就代表花蓮站快到了！
攝影／陳穩立

⬆ 水泥貨車與水泥工廠，是蘇澳新站的第一印象。
攝影／陳穩立

⬇ 東澳地區以鐵桶烘烤飛魚，與蘭嶼地區處理方式不同。
攝影／甯世強

蘇澳新—東澳

北迴線起點—蘇澳新站，最早名為南新城，一度改為南聖湖，最後於北迴線通車時，改為蘇澳新站。群山環抱的蘇澳新站，站外的水泥工廠廠房，取代車站周邊市街商圈的印象；碩大的站場裡，滿載水泥與石灰的貨物列車，與一般車站多以客車為主的景象大異其趣，而這正是北迴線的典型的車站風情—水泥工廠與貨物列車。

由蘇澳新站出發，以四條軌道之規模向南延伸，規模浩大，左邊通往宜蘭線終點—蘇澳、右邊則往北迴線，各自分道揚鑣。沿著山谷、穿越數個長短不一的隧道，鐵路一旁除了有水泥工廠與油庫等工業設施外，以木屐工藝聞名的白米社區，近年來成功的社區總體營造，不僅讓木屐工藝得以保存，更讓民眾能夠親近、體驗木屐文化。過去台鐵曾經於白米社區附近設站，名為永春站。後因鐵路路線修改，永樂站新站房北移，使得永春、永樂兩站距離過近，於二〇〇二年將永春站裁撤。

山中的永樂站，是以貨物為主的車站。攝影／陳穩立

蘇澳新站為北迴線與宜蘭線分歧點。攝影／陳穩立

離開蘇澳新站後的第一站—永樂站，每天僅有區間車停靠，班

次不多，距離永樂聚落尚有些距離。永樂站進出旅客不多，場站中來來回回的貨車，說明了永樂站的功能，是北迴線典型以貨運為主的車站。車站的南側，為連接永春與東澳的新永春隧道。隧道的南口，為東澳北溪，河床邊是著名的東岳湧泉，為當年興建北迴線時意外發現。湧泉不受季節與河砂影響，全年清澈冰涼，是避暑絕佳去處。

坐落於東澳北溪與東澳南溪沖積扇平原的東澳站，兼具東澳聚落居民進出與石灰水泥運輸的重要車站。進進出出的貨車，連結場站後方碩大的水泥工廠，是當地相當重要的產業。東澳聚落外，有著美麗卵石海灣，海灣的南端，有著一個寧靜漁港—粉鳥林漁港。港口裡幾艘漁船悠閒漂浮，偶爾可見河豚優游於港中；港邊嶙峋的礁岩，矗立於波光粼粼的海面，步調緩慢，與世無爭。港邊聚落偶爾可見以鐵桶烘乾飛魚，與蘭嶼達悟族以曝曬方式保存大異其趣，這是當地泰雅族人獨特的保存方法。靠海吃海的生活方式，也與多數仰賴農作、捕獵維生的泰雅族人有相當差異。

通過東澳北溪的鐵路，一旁為蘇花公路改建工程。 攝影／陳穩立

東澳站後方，藏在森林中的水泥工廠與支線。 攝影／甯世強

粉鳥林漁港旁的小海灣，彷彿與世獨立。 攝影／陳穩立

東岳湧泉是夏天戲水勝地。 攝影／陳穩立

白米村的木屐博物館，保存了古早的木屐工藝。 攝影／陳穩立

行駛於半山腰的火車，能夠欣賞整個東澳地區。
攝影／甯世強

東澳—漢本

離開東澳站、跨越東澳南溪後，旋即進入南澳隧道。隧道的外頭，為著名岬角地形—烏石鼻，岬角由陸地延伸進入太平洋，如同身在天涯海角，相當美麗。

出了隧道後，映入眼簾的是彷彿是與世隔絕的平原。以南澳北溪與南澳溪沖積而成的河谷平原，三面環山、一面臨海的南澳，沃野千里，為過去泰雅族重

三面環山的南澳地區。 攝影／陳穩立

羅大春開路碑，為南澳發展史重要的一頁。 攝影／陳穩立

南澳北側的天主堂為當地信仰中心。 攝影／陳穩立

要分布位置之一。南澳於十九世紀中葉躍上台灣歷史的舞台，一八六〇年代發生洋人擅入開墾事件；一八七〇年代經歷牡丹社事件後，沈葆楨開山撫番，修築聯通台灣東西部之道路，其中北路經過南澳，該段路廊約為今日蘇花公路，因此南澳地區風土人文，乃至行政區劃分，皆以蘇花公路一分為二，鐵路與南澳車站的所在，於公路南側，早年為漢人駐軍、開墾地區，由火車右側車窗中的中國式廟宇建築與羅大春開路紀念碑，可見一斑；公路的北側，以泰雅族為主，為南澳部落所在，聚落中尚有天主堂與耶穌會教堂等信仰中心；行政區的劃分，也依據當年道路修築劃分，公路北側為南澳鄉、公路南側為蘇澳鎮，如此劃分，造成南澳車站位於蘇澳，而非南澳之有趣現象。

離開南澳車站，鐵路跨越南澳北溪，沿南澳溪左岸而行，但南澳溪右岸山壁緊鄰河岸，路廊空間狹窄，因此鐵路以隧道方式，連接南澳與武塔。火車一出隧道，便可以看到武塔站彎彎的月台。沒有站員的武塔站，

南澳南溪與河畔的武塔部落。 攝影／陳穩立

一出隧道，即為無人小站－武塔。 攝影／陳穩立

莎韻之鐘紀念公園。 攝影／陳穩立

是北迴線進出人數最少的一站。武塔聚落位於車站南方，寧靜的聚落，可由教會的十字架，理解武塔為泰雅族之聚落。聚落入口處，為莎韻之鐘紀念公園，紀念一九三八年一位十七歲泰雅少女協助老師挑擔行李下山，不料途中遭遇暴風雨，於通過南澳溪獨木橋時不幸墜溪。單純失足墜溪的意外，在當時推廣皇民化運動的氛圍下，動員協助搬運行李，成為協助老師出征的愛國義舉；泰雅少女莎韻，則成為愛國少女。戰後政治局勢改變，受贈於總督府的莎韻之鐘佚失，莎韻故事亦出現許多版本。今日僅留下莎韻紀念碑基座與當年莎韻下山道路、同時為聯絡各部落道路，為南澳古道，又稱為莎韻之路。

武塔出站後，橫跨南澳溪，進入新觀音隧道。雙線的新隧道，取代了觀音、鼓音與谷風等三個單線舊隧道，速度與行車效率大幅提升，隧道長度長達十．〇三公里，為台鐵現今山岳隧道之最。火車駛出隧道的另一頭，窗外景致豁然開朗，不再是山川河谷，取而代之的是一望無際的太平洋。不久便來到漢本站。

⬆ 跨越南澳北溪往武塔前進。 攝影／陳穩立

⬇ 舊北迴線的鼓音隧道北口。 攝影／古庭維

漢本∥和仁

地名漢本，源自於過去日本時代蘇花道路里程之一半，故命名為半分，台語音譯為漢本。惟漢本站之里程，並非於北迴線之一半，里程最接近一半之車站為下一站和平。緊鄰沙灘與山壁的漢本站，風景優美步調緩慢。站外的太平洋，可見遠處海水顏色較深，即為黑潮。由南方海域往北流的黑潮，海水溫暖、夾帶許多浮游物質，加上東部沿岸地形起伏蜿蜒，使得海水上下對流旺盛，漁業資源豐富，因應而生的便是海面上規則排列的浮球，為著名的定置漁場。東海岸定置漁場，起源於一九二〇年代，其規模與數量，皆超越西部海岸與恆春半島，為台灣最大的定置漁場。定置漁場作業，僅捕捉表層浮游漁類，大量捕獲時，得以將漁獲畜養於箱網中，兼顧海洋保育與市場價格。

漢本南方，以和平溪相隔，南岸煙囪聳立，為舊名克尼布、清朝時名為大濁水的和平聚落。過去以太魯閣族為多數。今日水泥產業東移，設有和平水泥工業

北迴線工程殉職員工紀念碑。 攝影／陳穩立

漢本站後方即是碧波萬頃的太平洋。攝影／甯世強

未來蘇花替代道路將橫越鐵路而過。 攝影／甯世強

和平火力發電廠的巨大煙囪，是相當醒目的地標。攝影／陳穩立

蘇花公路較北迴線接近斷崖，標準較差、較易受天氣影響。 攝影／陳穩立

鐵路旁的姑姑子駐在所，為當年南來北往重要的一站。 攝影／陳穩立

區，車窗右側可見水泥石灰等開採作業、車窗右側為水泥石灰運輸與外銷之港口碼頭、港邊繪有圖騰的高聳煙囪，為和平火力發電廠，規模浩大。走出和平站，車站廣場左邊，佇立了紀念北迴線工程殉職人員石碑，供人憑弔，莊嚴肅穆，說明了北迴線工程之艱辛。

列車離開和平站，左邊車窗望去，為碧波萬頃的太平洋；右側有著陡峭山壁，以及與鐵路平行行走的蘇花公路。公路一旁有著小小的聚落，為舊名姑姑子的和中聚落。鐵路在和中聚落並未設站，但通過和中社區，提示旅客即將穿越和中斷崖。和中斷崖，舊稱姑姑子斷崖，早年新台幣壹圓紙鈔上的象鼻隧道，即位於和中斷崖的蘇花公路舊線。鐵路與公路路線不同，鐵路以一個隧道穿越和中斷崖。出了隧道的南口，左側車窗以和仁站外的礫石灘、直上天際的清水斷崖與遼闊的太平洋，構出一幅壯闊的車窗風景；右側車窗有著右岸山與卡那剛溪，共組另一幅美麗的車窗風景，其中不難發現環繞於山腰的人造結構物，為水泥石灰的輸

和平港與散裝船近在咫尺之間。 攝影／甯世強

送帶，其用途係將山中開挖之石灰，運送至車站運輸。美麗的山河與產業的開發，在此形成強烈的對比，值得深思。

和仁舊地名為卡那剛，太魯閣族語意為清澈的溪水。場站廣大的和仁站，不時可見來來回回的貨車，除了承運水泥石灰外，更擔綱了蘇花公路改善工程之廢土運輸，為北迴線貨運最為重要的一站，該站貨物起運噸數佔北迴線總起運噸數超過四成，同時為台鐵各站起運噸數最大的一站。

卡那剛溪盼畔的水泥石礦輸送帶，背後隱含了天然資源開發的生態問題。 攝影／許洋豪

⬆ 崇德站與海灘。 攝影／陳穩立

和仁＝新城

　和仁站出發後，前方即為著名的清水斷崖，鐵路將以三個隧道穿越之。由海面而起的中央山脈，直上海拔兩千四百〇八公尺的清水大山，落差之大的海岸斷崖，舉世罕見，氣勢磅礡，讓人印象深刻；清水斷崖為清水大山下之斷崖，由北到南可細分為三段—和仁斷崖、清水斷崖與崇德斷崖，總長約為十二公里，為往來蘇澳花蓮間，最大的天然屏障。惟鐵路行進於清水斷崖，皆以隧道貫通之，數分鐘便能輕鬆走完，既安全又快捷。經過幾次黑暗與光明的交迭，列車重見光明後，壯麗的清水斷崖猶在窗外，由於海岸蜿蜒，由南側眺望清水斷崖為最漂亮角度，許多鐵道迷皆慕名至此取景。

　隨著列車移動，後方的清水斷崖漸行漸遠，前方則是下一站——崇德。清朝時記載名為得其黎，為太魯閣族語之音譯，意為漁產甚多之地，日本時代譯為立霧，戰後則改稱崇德，早年聚落位於公路西側高處山腹，幾經遷居，如今聚落散居於鐵路東側與蘇花公路兩側。車站外的礫石海灘，圓弧柔美，與後方的清水斷崖形成強烈對比，而海面上可見浮球排列，表示此處亦設有定置漁場；另一頭，車站外為清水大山尾稜—立霧山，為斷崖地形向南延伸，宛如屏風一般展開於眼前，氣勢萬鈞，有時山頂雲氣籠罩，更顯高深莫測。

⬇ 太魯閣國家公園是台鐵唯一穿越的國家公園。 攝影／陳穩立

⬆ 和仁站站體相當迷你，上方為水泥石灰輸送帶。 攝影／陳穩立

斷崖間以溪流分隔，車窗風景因此有了短暫的光明。 攝影／陳穩立

⬆ 北迴線以隧道克服斷崖地形。 攝影／陳穩立

⬅ 清水斷崖與火車，是北迴線招牌景點。 攝影／陳穩立

⬇ 看到立霧溪與太魯閣大橋，象徵北迴線進入平原段。 攝影／陳穩立

離開清水斷崖末端的崇德，迎面而來的是立霧溪沖積扇平原，周圍景緻變得開闊。發源於奇萊北峰與合歡山之間的立霧溪，發源地與出海口落差超過三千公尺，落差甚大，河水湍急強勁，不斷向下侵蝕形成河蝕地形，最終造就聞名國際的太魯閣峽谷。十七世紀時，曾經於立霧溪出海口發現金砂，先後吸引了葡萄牙人與漢人到此掏金，為立霧溪增添不少故事。今日跨越立霧溪，可見蘇花公路拱橋造型的太魯閣大橋，接下來的景致，將以平原為主。

立霧溪的南岸為新城站，位於前往太魯閣之中橫公路終點，因此站名特別加註太魯閣，並非新城等同太魯閣。新城早年泰雅族稱為大魯宛，漢人譯為哆囉滿；清朝嘉慶年間，漢人吳全招募佃農到此地開墾，但屢遭原住名襲擊，於是築壘防禦，乃得名新城；日本時代爆發太魯閣戰爭，總督佐久間左馬太親自率兵討伐，日軍獲勝後，感念總督親征，將此地以總督佐久間別名研海命名之，直到戰後，才恢復舊地名新城。位於立霧溪沖積扇平原南側

的新城，以農業為主，近年水泥石灰產業東移，設有水泥石灰工廠於新城站西側，加工處理水泥石灰為散裝水泥。

現為天主堂的新城神社遺跡。 攝影／古庭維

立霧山的岩石，延續清水著斷崖的氣勢。 攝影／陳穩立

田野景色是北迴線樂章的最終章。 攝影／陳穩立

新城=花蓮

離開新城的車窗風景，右側與北迴線風景相似，以高聳的中央山脈為主；左側有田園景致，遠方可見中央山脈向南延伸，綿延不絕，也可以看到花蓮市區的美崙山及其後方的海岸山脈，與中央山脈相望。隨著鐵路南下，不久便來到三棧溪。早年，三棧溪以開採紅色結晶之玫瑰石聞名，如今三棧溪禁採玫瑰石並封溪護魚，靠著清澈的溪水，許多遊客依舊慕名至此戲水與溯溪，有著小太魯閣的美稱。

跨過三棧溪，來到與台北捷運景美站同名的景美站。設站於景美村兩個聚落之間的景美站，站外並未見民宅或聚落，主要聚落分別位於車站南北兩側，北邊為三棧、南邊為加灣，皆為太魯閣族部落。北邊的三棧，太魯閣族語為巴拉丹，意為菰瓜，早年開墾漢人，眼見三層河階而命名三層，其漢字則寫作三棧。南邊的加灣，尚分四個聚落，分布於鐵路與公路兩側；一九五五年改為現名景美。

伴隨著恬靜的田園景致，慢

北迴線緊鄰花蓮機場，時常可見飛機翱翔於天際。 攝影／許洋豪

景美站的晨間風情。 攝影／陳穩立

三棧溪夏日戲水。 攝影／陳穩立

慢南下，鐵路兩側以農作為主的太魯閣族聚落，散發出悠緩的步調，與鐵路公路呼嘯而過的車輛形成強大的對比。其中右側車窗不遠之處隱約可見的慈濟精舍，為慈濟功德會所在地。有別於一般佛寺，慈濟精舍為唐式建築風格，莊嚴而肅穆，為慈濟信眾之心靈故鄉。

奔馳於中央山脈山腳下平原，很快便來到北埔。位處於花蓮北郊，而得名為北埔。北埔聚落遠方的海灣，為著名的七星潭，然而七星潭並非池塘或湖泊，為有如新月一般的圓弧海灣。相傳此地原名為月牙灣，而七星潭原為散布於北埔一代的池塘，日本時代為開發七星潭一帶，將當地居民遷居於月牙灣，七星潭的地名亦隨之遷移至此。七星潭不僅有新月般的海灣，定置漁場的

⬆ 新城站與水泥工廠。 攝影／陳穩立

⬅ 立霧溪沖積扇平原，早年曾吸引漢人來此開墾。
攝影／陳穩立

⬇ 月牙般的七星潭與壯闊的中央山脈，風景優美。
攝影／陳穩立

生態解說與遠方的清水斷崖，兼具景致與內涵，深受遊客喜愛。

北埔站再出發，此時的鐵路路線由兩線變為三線，新增的第三條線，為通往花蓮港的花蓮臨港線，時常可見貨物列車行走於其中。花蓮臨港線自一九一〇年開始營運，歷史悠久，現今路線僅有北埔至花蓮港站，與當年由花蓮舊站向北延伸，已有相當差異。北埔站往南路線的東西兩側，分別有兩座機場與空軍基地，東側為軍民合用之花蓮機場、西側為空軍佳山基地，時常可見戰機翱翔於天際。兩座機場相距約二・五公里，但兩者並非獨立，而是以一架高連絡道跨越鐵路與公路，每逢颱風前，有機會看到F16戰機，越過鐵路與公路頭頂，前往佳山基地避風雨的有趣景象。

與花蓮臨港線分道揚鑣後，不久可以看到鐵路兩側有著許多火車頭與車廂，這裡是花蓮機廠與花蓮機務段，除了保養台東線與北迴線之火車外，花蓮機廠更是台鐵柴油客車的維修基地。在兩旁火車夾道下，很快地來到了終點花蓮站，結束了北迴線緊湊、精彩的樂章。

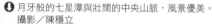

⬆ 綿延的中央山脈，壯麗動人。 攝影／陳穩立

屏東線

Pingtung Line

屏東線自南台灣大城高雄出發，東行跨越高屏溪經過屏東市後，在大武山的伴隨下往南奔向屏東平原末端，直到抵達漁村枋寮。這段路穿過高屏兩都市的工商業區、大片的檳榔海、果園乃至魚塭，連接了屏東以及南州兩座糖廠，不只帶著濃濃田園風情，更曾肩負著屏東平原物產的輸出重任。這條路也縱橫閩南與客家聚落間，兩者的傳統建築與民俗信仰在這條線上互別苗頭，各有故事。相對於縱貫線和高屏間路線，屏東以降之路段長時間維持單線非電化之舊時風貌，加上周邊聚落的低度開發，若在鄉間小站搭上鈍行列車，彷彿走入時光隧道，回味一九六〇年代的鐵路風情。

屏東線自位於今日高雄港站附近之打狗停車場（後改稱高雄）開始向東，一九〇七年至九曲堂完工，稱鳳山支線；在下淡水溪橋完工後於一九一三年通車至屏東，之後隨著工程南延，路線名稱經歷「屏東線」、「潮州線」、「溪州線」等變更，直到一九四一年抵達枋寮，並重新定名為屏東線。隨後因太平洋戰爭爆發，基於戰略因素拆除林邊枋寮間鐵軌，戰後才於一九五三年重新鋪回。隨著南迴線通車，屏東線成為環島鐵路的一部份，一九八〇年起便陸續進行路線標準提升工程以及高雄屏東間的「再」雙線化、電氣化。隨後林邊段鐵路為根絕水患，二〇一二年改建為高架，屏東至潮州間也納入屏潮計畫而施作高架新線，沿途車站全面翻新並雙線電氣化，於二〇一五年八月正式通車；包含潮州枋寮間的南迴線電氣化先期工程也宣告動土，未來的屏東線將以嶄新面貌服務往來旅客。

➡ 九曲堂站北，行
經鳳梨田的列車。
攝影／蘇綮豪

高雄站為縱貫線與屏東、南迴線的主要轉乘站之一。 攝影／蘇檠豪

位於高雄站東南側，仍在運作時之高雄機務段，是為機車頭之檢修基地。 攝影／蘇檠豪

鳳山站東側，跨越台鐵路線的糖鐵橋之橋台。攝影／蘇檠豪

整修過後之鳳儀書院。 攝影／蘇檠豪

↑ 鳳山縣城遺留之澄瀾砲台及一旁之護城河。 攝影／蘇槃豪

↑ 流經鳳山車站前方的曹公圳。 攝影／蘇槃豪

高雄＝後庄

自天橋上俯瞰高雄站，廣大的站場與熙來攘往的人群總是讓人印象深刻。即便今日大部分屏東、南迴線列車改至新左營站到發，高雄站依然是許多旅人的重要轉運站。高雄站出發東行，分別位於路線南、北側，曾經放滿各式車輛，長久以來擔負著縱貫線、屏東南迴線列車的整備工作的高雄機務段及檢車段，如今隨著潮州車輛基地完工啟用而搬遷一空，部分空間成為地下化的工地；越過民族路橋後可見到臨港線鐵路向南岔出，連結尚在運作的高雄機廠、前鎮車場。然而隨著上述機構配合地下化工程搬遷，未來這些窗景都將消失於一片漆黑之中。

列車陸續經過科工館、國道一號之後，來到鳳山。鳳山為清朝「鳳山縣」自左營舊城遷城後之縣治所在，今日仍保留部分城門、砲台，以及鳳儀書院、龍山寺等建築；建城之後由知縣曹謹主持建置之「曹公圳」，曾灌溉高雄廣大的農地，流經鳳山站前的圳道近年整理為帶狀公園，樹影扶疏，流水潺潺；為感念曹謹功績而興建之曹公廟亦座落於站前。目前使用數十年的舊車站、月台已隨著地下化工程的推進而拆除，未來將與數個新通勤站一同以新風貌示人。

鳳山站東側曾有糖鐵跨過屏東線並在今日臨時站位置設站，雖然糖鐵車站跟軌道都已不復見，但跨線橋之橋台依舊屹立。列車自鳳山開車後不久即抵達後庄。在一九八〇年高屏雙線化工程中，因應周邊人口發展將站房自今日後站處改到現址，舊站則拆除僅餘數個倉庫。新站房面向住宅區，但站前兩塊田反讓人有車站位於田野間的錯覺。

後庄＝屏東

離開後庄後，列車轉向，形成「南下」列車向北行駛的有趣情形，並進入九曲堂站。九曲堂曾藉由糖鐵連絡旗山、美濃等地，輸運旅客及農產品，今日則改以公路運輸；而九曲堂所在之大樹區自日本時代即盛產鳳梨，車站北方即有鳳梨田，站前鳳梨豐收之雕像亦可見一斑，站前不遠處之「泰芳商會罐詰鳳梨工場」更是重要見證，紅磚建築群在美麗中帶著一絲滄桑。

列車出站，向東轉個大彎，便爬上高屏溪橋。雙線新橋旁的「下淡水溪橋」是屏東線工程中重要的里程碑，橫跨高屏溪的長虹曾為東南亞第一長鐵橋，連綿不絕的鋼桁架結構除氣勢非凡，更徹底展現工藝之美。為紀念在完工前積勞成疾命喪異鄉的設計者飯田豐二技師，在九曲堂站外立有「記念碑」緬懷其事蹟；對於許多屏東人而言，下淡水溪橋更是家鄉的玄關，當一拱拱的長橋映入眼簾，故土之情便油然而生；橋上甫開放的步道結合橋下的濕地公園，亦為大樹鄉的招牌

⬆ 跨越高屏溪的下淡水溪橋，可說是屏東人的故鄉玄關。 攝影／蘇緊豪

⬇ 見證九曲堂鳳梨產業之泰芳商會罐詰鳳梨工場遺構。
攝影／蘇緊豪

⬇ 後庄站內，僅第二月台使用中。 攝影／蘇緊豪

⇧ 高架引道切換前的六塊厝至屏東路段。 攝影／蘇綮豪

⇦ 九曲堂站北，行經鳳梨田的列車。 攝影／蘇綮豪

⇩ 六塊厝站西側的大鵬七村一景。 攝影／蘇綮豪

景點之一。

越過高屏溪，旋即抵達屏東縣境內首站─六塊厝。降為招呼站後拆除牆壁僅存樑柱屋頂的站房彷彿巨型涼亭，數年前經重貼磁磚成為今日之模樣。車站西邊的大鵬七村是屏東最大的眷村，但隨著眷村拆除在即，居民陸續搬遷，僅村內的小吃店仍吸引著舊雨新知前來品嚐。再往西則為下淡水溪橋之屏東端，除橋上同樣有步道供遊客親近鐵橋之美，留存的軌道上擺著四節原作為咖啡廳，逐漸裹上青苔的平快車箱，像是靜靜緬懷著過往列車行駛舊橋的歲月。

離開六塊厝後，列車爬上高架橋，逐漸進入屏東市區，隨後抵達屏東站。從這裡開始的屏東線，因應「屏潮計畫」，正逐漸迎向嶄新的風貌。

↑ 拆除牆壁，宛若巨型涼亭的六塊厝站。 攝影／蘇綮豪

↑ 放置於下淡水溪橋屏東端的普快車廂。 攝影／蘇綮豪

屏東＝西勢

屏東舊名阿猴，清朝時即有官民合建之「阿猴城」，其東門仍保留於今日中山公園內；到了日本時代隨著下淡水溪橋完工，鐵路通車至屏東大幅改善對外交通，輔以阿緱製糖所（今屏東糖廠）的建立及糖鐵聯繫，使屏東市成為周邊客貨運輸集散地，發展更為蓬勃。此外因應日本南進政策，日本陸軍航空隊進駐而設立的官舍，隨著國民政府遷台帶來的軍眷入住而發展成之勝利、崇仁新村，保留了相當完整的日本官舍群，同時也蘊含了深厚的眷村文化，目前則整理成屏東眷村文化園區供民眾參觀。車站以東不遠的觀光夜市集中了各種美食小吃，晚餐時間用餐人潮絡繹不絕。車站以東不遠的觀光夜市聚集了各種美食小吃，晚餐時間人潮總是絡繹不絕。今日的屏東站是座甫通車不久的高架車站，座落於早年的貨物線及糖廠聯絡線上，外觀計畫以屏東「太陽城」為設計概念，並融入排灣族傳統石板屋之意象；月台上高聳的A形列柱狀似一排椰子樹，儼然成為屏東市的門面新印象。

離開屏東站，列車轉向東南跨越萬年溪，在工業區及糖廠廠區間行進，天氣好時東方的大武山清晰可見；再行進一陣子，便抵達歸來。歸來自日本時代引入牛蒡栽植，可說是台灣產牛蒡的發源地，也是現今當地特產，站旁即可見到牛蒡田；車站北方新落成之「崎仔崙書院」則作為當地之文教活動場所。離開歸來後，鐵路被檳榔園所包圍，列車彷彿穿梭於檳榔海上，偶爾才會看到錯落於「海」中的零星田地及住家。正感覺奇幻漂流無邊無際之時，麟洛站就到了。由於最初是為了採取隘寮溪砂石而設立，麟洛站的位置偏離主要聚落，旅客量相對稀少。改建前的麟洛站是少數保有早期屏東線月台樣貌的車站，十足古早小站氣氛，惟因雙線化施工而不復存在。列車繼續前行，跨越隘寮溪，穿越民房後，便來到西勢。

原阿猴城東門「朝陽門」。攝影／蘇繁豪

切換前的屏東站內，後方是興建中的高架車站。 攝影／蘇繁豪

⬆ 列車接近高架化之麟洛站。 攝影／蘇縈豪

⬇ 高架化之歸來車站。
攝影／蘇縈豪

⬇ 改建之前，保留原始月台樣貌而具有濃厚古意的麟洛站。 攝影／蘇縈豪

⬇ 位於勝利新村內的將軍之屋。
攝影／蘇縈豪

← 台灣最後一座保留磚造橋墩及鋼樑橋之舊東港溪橋，後方為新橋。 攝影／蘇緊豪

↓ 竹田站舊站房乃屏東線僅存唯二之木造站房。 攝影／蘇緊豪

西勢＝潮州

朱一貴事件期間，高屏地區的客家族群組織六支民間義勇隊以抵禦外侮，亂事結束後以各義勇隊所地為「堆」，合稱「六堆」，之後逐漸轉為對高屏地區客家族群之統稱。西勢站所在之竹田鄉為「中堆」所在，清康熙六十年為嘉獎平亂有功之義民在西勢設「忠義亭」，之後數次亂事喪生之六堆英靈亦葬於此而成為六堆之「精神堡壘」，經歷數次改建後成為今日之「忠義祠」；忠義祠隔壁則為屏東客家文物館，陳列六堆相關之資訊、文件與文物。車站東邊則為「後堆」內埔，市區內的「六堆天后宮」乃六堆地區最早之媽祖廟，亦為義勇軍數次出征前會師之地；在內埔和麟洛鄉交界之「六堆客家文化園區」則更進一步加強了客家文化的展示與推廣，以及促進地方之觀光。

自西勢南下，鐵路降回平面穿越國道三號，又再次爬升，一個大轉彎後抵達竹田。竹田舊名「頓物」在客語中有囤積貨物之意，源於早期周遭生產之米糧在此堆放等待經由東港溪運至東港輸出；鐵路開通後竹田站成為農產品輸出之據點，因而建有數個大倉庫。鐵路運輸沒落而降為簡易站後，原欲拆除之舊站房經地方居民陳情而保留下來，今日和三塊厝並列為屏東線上僅存之木造站房；車站和倉庫、站長宿舍和員工澡堂等經整理後成立「竹田驛園」，站旁原貨運服務所則由曾在竹田服役之池上一朗博士捐贈書籍成立「池上一郎博士文庫」；目前竹田驛園已成為許多遊客必訪景點，堪稱舊車站場域活化的典範。

離開竹田，列車穿過快速道路下方，爬上東港溪橋。佇立一旁，有著紅磚橋墩之鋼樑舊橋古意盎然，為全台少數大致維持日本時代原貌之鐵路橋，在新橋切換前為眾多攝影者愛好之景點；列車改走雙線新橋後，舊橋原地保留，等待展開另一段新生命。通過東港溪後，進入市區，不久即抵達潮州站。

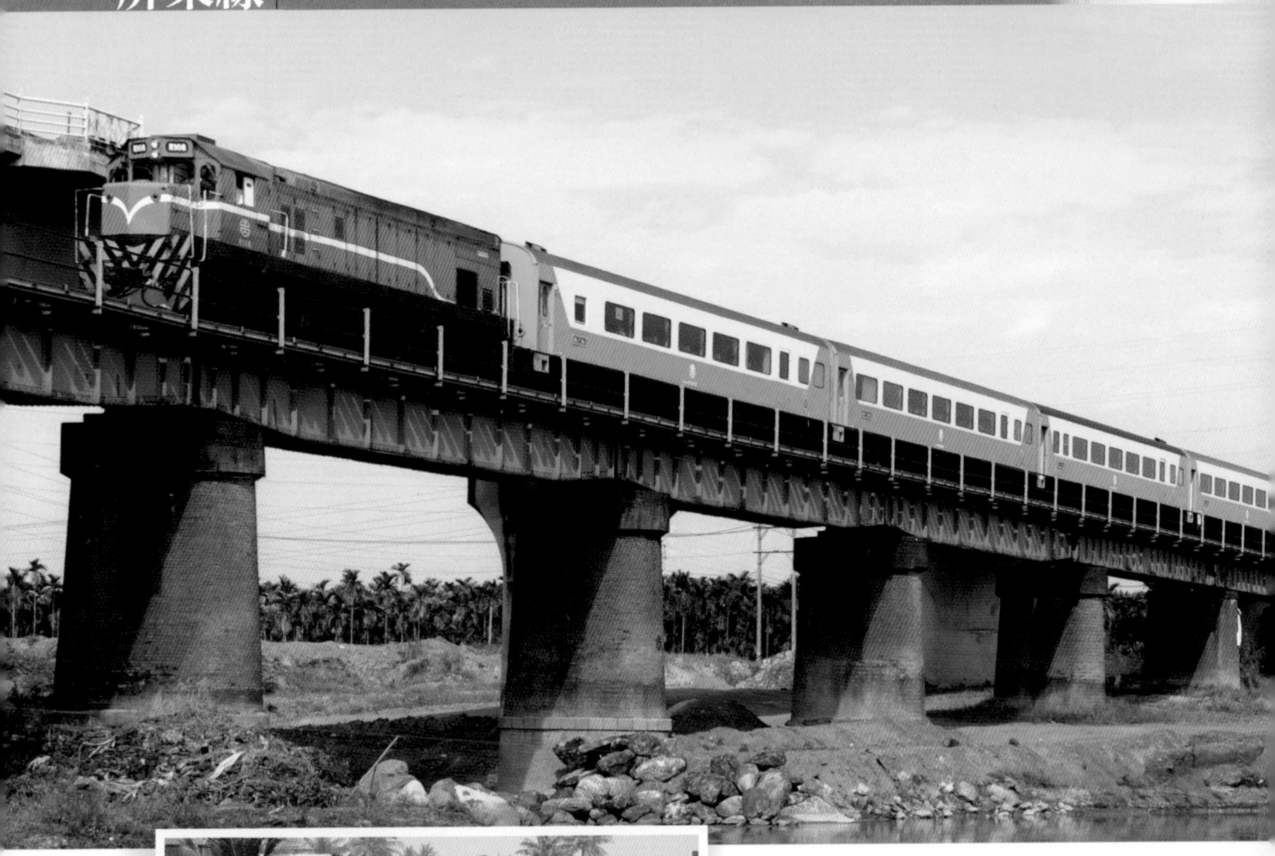

↑ 西勢站改建前，列車自聚落間穿越。 攝影／陳威旭

↑ 位於西勢的忠義祠，隔壁為屏東客家文物館。
攝影／蘇槩豪

↑ 現今的西勢站。 攝影／呂孟原

↑ 竹田站改建高架時曾有短暫的「三代同堂」時光。
攝影／蘇槩豪

雄偉的高架化潮州站。 攝影／蘇檠豪

潮州＝南州

屏潮計畫中屏東潮州間路線及車站皆採用在舊線旁施作部分新線，新線通車後再利用舊線土地興建另一半結構之「半半施工」模式，今日屏東至潮州間已全面雙線電氣化，徹底揮別舊屏東線之印象，潮州站也晉升為西線列車的起迄站，從原來的地面站搖身一變成為具有三個月台，嶄新而雄偉的高架車站。潮州乃屏東縣第二大聚落，同時也是屏東公路轉運中心之一，可藉由客運聯絡萬丹、萬巒、來義、新埤、東港等地；在車站東北側的三山國王廟是早期的發展中心，周邊聚集了炒粄條、青草茶、黑輪、燒

潮州南邊，列車行經興建中之潮州基地。 攝影／蘇緊豪

潮州市區內之三山國王廟。 攝影／蘇緊豪

由原潮州庄役場整修設立之屏東戲曲故事館。 攝影／呂孟原

崁頂生態公園內之蓮花池。 攝影／呂孟原

崁頂南，列車在大武山前疾駛而過。 攝影／蘇緊豪

冷冰、烤玉米等著名美食，也因潮州周邊產肉牛而有不少牛肉料理店家，附近的萬巒更以豬腳料理吸引眾多饕客前往。車站東南邊，位於鎮公所旁的原潮州庄役場建築整理為屏東戲曲故事館，融入明華園等眾多在地傳統戲曲資源，做為推廣與教育之場所。

列車離開潮州，自高架路線緩緩降回地面，通過取代高機、高檢與高廠，負責西線列車整備，佔地廣大的潮州車輛基地；雖然潮州以南的屏東線為單線非電化狀態，但由於潮州車輛基地及其進出路線仍有電化，一直要到越過二高後，方才暫時脫離電車線的糾纏，回歸屏東線舊有的純樸印象，不久後便抵達崁頂站。坐落於田邊道路旁的崁頂站除月台和簡單的雨棚，還保留早年興建的廁所，乃舊有招呼站中少見的服務；崁頂市區離車站不遠，市區外則設立崁頂生態公園，除改善焚化爐造成之空汙，也提供野生動物棲息及民眾活動空間。

崁頂以南的路段，列車在大武山的伴隨之下通過廣大曠野，當開闊的景色告一段落，列車也就將進入南州站。

鎮安北的牛埔溪橋，乃環島鐵路僅存的長鋼樑橋。 攝影／呂孟原

南州＝林邊

原名溪州的南州在獨立為鄉後，為和彰化溪州區別而更名南州，車站亦隨之改名。車站北邊的南州糖廠是台灣最南端的糖廠，利用糖鐵將甘蔗運回廠內壓榨，成品再經由南州站運出；糖廠停工後轉型觀光化，增建不少遊憩設施如綠色隧道、花田等，也改造糖鐵車輛開行觀光列車，甚至讓遊客體驗駕駛機車頭；然而數年後觀光列車停駛，廠內舊建築所剩無幾，工廠及煙囪也於

⬆ 秦楊廠改造車輛行經糖廠內之綠色隧道。 攝影／陳威旭

二〇一二年拆除而失去不少「糖味」。相對的承接台鐵車輛改造任務的秦楊公司利用糖廠土地興建工廠，並自南州站鋪設側線到廠內，改造車輛的進出倒也形成了另類的「火車復駛」。

南州開車後，列車筆直向南穿越蓮霧園與檳榔園交錯的田野，突然一陣懷舊的旋律傳來，通過環島鐵路僅存的長鋼樑橋─牛埔溪橋，為旅程帶來小小的驚喜，過橋後即來到鎮安站。昔日鎮安是東港線的轉乘站，因此在周遭人口不多的田野中設有兩座月台及許多股道，在第二月台等待前往東港的單節柴客更是許多老一輩人的回憶；然而東港線停駛後，鎮安站降為招呼站，典雅的木造站房隨後拆除，停用的第二月台也逐漸埋沒在荒煙蔓草中，只剩車站南邊斷軌的轉轍器以及通往東港，長滿雜草的軌道，十足淒涼。

離開鎮安向南，因逐漸接近沿海地區，地勢低窪之故，開始出現大片的沼澤，偶爾可見水鳥悠遊其中；列車則在沼澤中再次爬上高架橋，跨越台17線後，進入高架化的林邊車站。

➡ 東港線專用，逐漸被人們所遺忘的鎮安站第二月台。 攝影／蘇緊豪

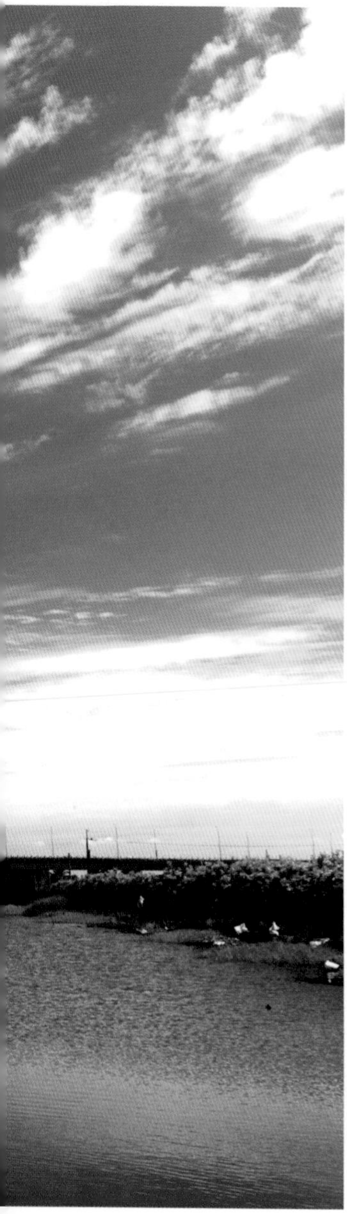

⬆ 曾擁有廣大站場的鎮安站，如今只剩一個月台及一條通過線。 攝影／蘇緊豪

⬇ 已轉型觀光化的南州糖廠。 攝影／蘇緊豪

←靜默在正線一旁，通往東港的斷軌。攝影／蘇綮豪

↓鎮安南沼澤，映著爬上林邊高架段的列車。 攝影／馬世駿

高架化的林邊新站以及站前廣場的蓮霧造型裝置藝術。 攝影／蘇緊豪

大鵬灣風景區一景。 攝影／蘇緊豪

佳冬四大柵門中僅存的西隘門。 攝影／蘇緊豪

林邊福記古厝。 攝影／呂孟原

林邊＝佳冬

林邊地區長年受水患之苦，復因舊林邊溪鐵橋橋面高度低於堤防，颱風來襲時須關閉堤防缺口迫使列車停駛，莫拉克風災時林邊溪橋甚至遭到沖毀，林邊站被泥砂掩埋導致鐵路中斷數月。為徹底解決水患問題，林邊溪橋與車站一併改建，成為屏東線首座高架車站，車站外則有以林邊名產—蓮霧所設計的一系列公共藝術。林邊地區尚保留數棟古厝，其中以屋主發跡之雜貨店為名的「福記古厝」在整修完成後作為地區藝文中心，成為舊建築再利用與聚落再生的典範之一。林邊亦是前往東港的轉運點之一，除了小琉球、黑鮪魚以及東隆宮迎王平安祭典等既有的觀光資源，大鵬灣風景區的設立更使東港觀光業蓬勃發展，或許也能一併增加林邊的旅遊人潮。

列車離開林邊，通過林邊溪，由於接近出海口，漲潮時的林邊溪彷彿汪洋一片，令人有列車行駛海上的錯覺，惜日本時代所建之舊橋於莫拉克風災後改建墊高，新橋通車後更拆的無影無

列車行經林邊溪橋，宛若遊走於汪洋之間。 攝影／馬世駿

蹤。過橋後列車在大片魚塭相伴下抵達佳冬。佳冬屬於六堆中唯一靠海的「左堆」，在車站外不遠即有以「蕭家古厝」為中心的客家聚落。蕭家古厝為台灣唯一客家圍龍伙房五堂大屋，格局雕飾之講究可見當年佳冬第一大家族之派頭；曾為蕭家書房的步月樓上之彈痕訴説抗日之激戰時，古厝旁的洋樓卻又成為合作之日本官兵的招待所，默默道盡歲月之無常。此外周圍亦保留楊氏宗祠、敬字亭、隘門等具有濃濃傳統客家風味之建築。

日本時代興建的舊林邊溪橋，橋身幾乎緊貼河面。 攝影／蘇檠豪

佳冬＝枋寮

離開佳冬，不久就抵達東海，簡單的月台、雨棚，和一旁打著水花的魚塭，構成一幅溫馨的南國小站風情；車站前的道路塗有各式彩繪圖案，似乎在引領旅人進入東海村內一探，村子雖然小，但也還看的到保存良好，造

枋寮漁港。 攝影／蘇紫豪

小站與魚塭，構成一幅溫馨的南國風情。 攝影／蘇繁豪

枋寮站內的機車調頭作業。 攝影／蘇繁豪

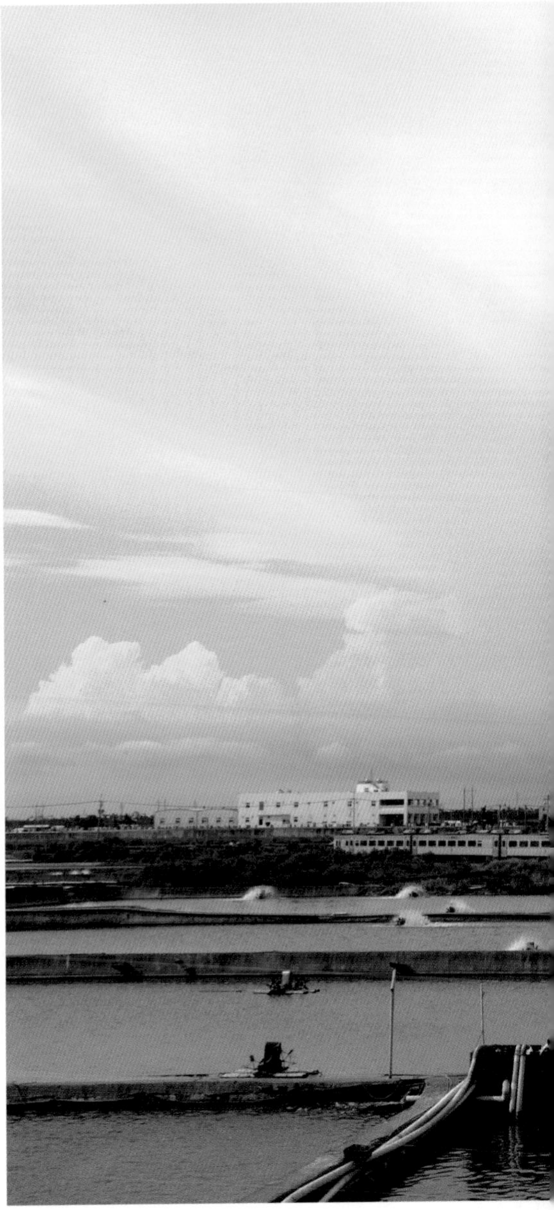

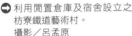

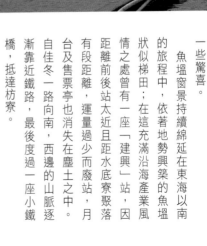

枋寮北邊穿梭於魚塭之中的列車。 攝影／蘇繁豪

位於東海村內的李家古厝。 攝影／呂孟原

利用閒置倉庫及宿舍設立之枋寮鐵道藝術村。 攝影／呂孟原

型各異的古厝，帶給造訪的旅人一些驚喜。

魚塭窗景持續綿延在東海以南的旅程中，依著地勢興築的魚塭狀似梯田；在這充滿沿海產業風情之處曾有一座「建興」站，因距離前後站太近且距水底寮聚落有段距離，運量過少而廢站，月台及售票亭也消失在塵土之中。自佳冬一路向南，西邊的山脈逐漸靠近鐵路，最後度過一座小鐵橋，抵達枋寮。

枋寮是屏東線的終點，大部分區間車至此折返，為方便柴電車頭轉向而在車站西側設有轉車盤，從月台上便可觀賞車頭轉向過程；枋寮亦為聯絡恆春墾丁或台東的鐵公路轉運站，因此車站旁留下大量的倉庫，在鐵路貨運式微，閒置多年後與鐵路員工宿舍一併改為枋寮鐵道藝術村，招募藝術家進駐創作及展示，連車站、月台與地下道也增設各種藝術作品；站前客運站往墾丁的旅客依然如織，然而早年之旅館多隨著交通之改善而歇業。枋寮站外不遠則為枋寮漁港，各種新鮮海產和小吃也不失為枋寮的另一項特色。

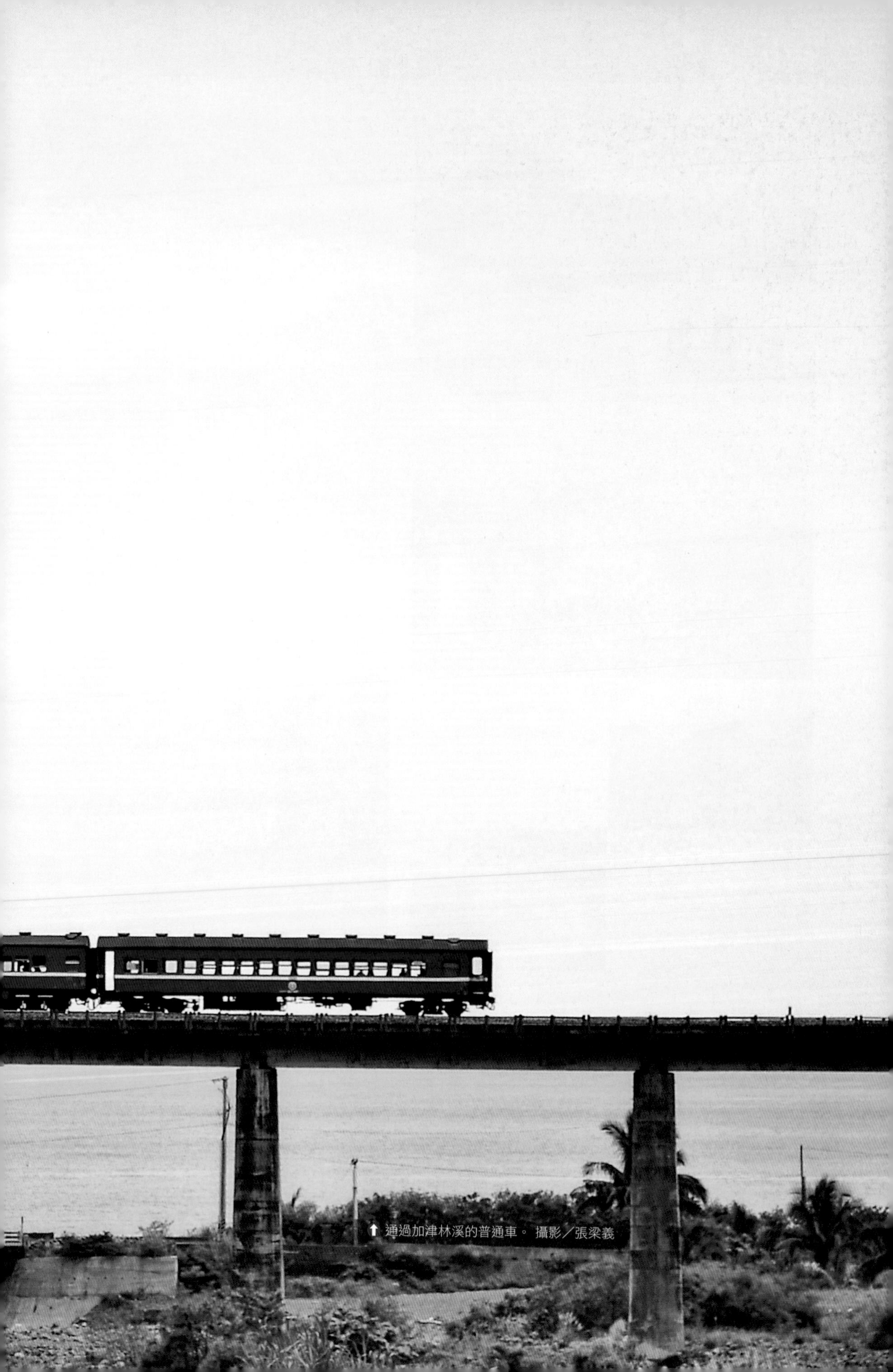

⬆ 通過加津林溪的普通車。 攝影／張梁義

南迴線

South-link Line

南迴線乃台灣環島鐵路的最後一塊拼圖，自枋寮站出發後爬上山腰，一轉身告別台灣海峽，向東穿過中央山脈，投入太平洋的懷抱，再沿著山海交界向北奔往台東。此路線貫串東西，深入人煙罕至的山谷，克服艱困的地理條件，為南台灣與東部交通帶來革命性的改變，南迴通車十周年活動時謂之「開天闢地」可說毫不為過。通車之後，南迴線的「大山大海」串起許多新興觀光旅遊亮點，也連起了許多原住民聚落和先人的足跡，帶著我們深入了解原住民文化的過去與現在、美麗與哀愁。

南迴鐵路自一九四七年初步路線探勘工作起，陸續勘查恆春、楓港、枋山、金崙、太麻里等線，直到一九八〇年才選定今日之枋山線。即使當時在技術及材料上已有一定水準，在施工過程中面臨地質不佳、工地偏遠機具人員出入不易等問題，工期不斷延長，顯見南迴線工程之艱鉅，開工後十一年才於一九九一年完工通車。整段路線中隧道及大橋分別多達三十五座與四十座，所有橋梁隧道總長佔全線長度的百分之四十六・五，其中屬當時台灣第一長的中央隧道，施工歷經七年三個月，乃南迴線全通之關鍵。隨著工程進展，一九八五年卑南(今台東)知本間完工並開始臨時營運，一九八八年營運區間擴展至太麻里。中央隧道竣工後，一九九一年十二月十三日李登輝總統搭乘花車首次踏破南迴全線，十六日舉行通車典禮，同時卑南站改名為台東新站，成為南迴線之端點，然而因交通部未同意營運，中途經歷載客試運轉、全線臨時營運，一九九二年十月五日終於正式營運，台灣環島鐵路自一八八七年劉銘傳奏准興建鐵路開始，歷經百年餘終告完成。

⇧ 列車自枋寮南下，展開南迴線的旅程。
攝影／蘇棨豪

⇦ 位於彎道上，以中國北方宮殿風格建築的內獅站。 攝影／陳威旭

⇩ 外觀神似隧道的嘉和遮體。
攝影／古庭維

⇩ 渡過士文溪，從枋寮進入枋山鄉。
攝影／蘇棨豪

枋寮‖內獅

南迴線完工後，在熱鬧的通車典禮中，原為屏東線終點的枋寮站蛻變為南迴線的端點，站房月台也一併改建為今日樣貌，同時過去被當作支線的屏東線亦晉升為環島鐵路幹線的一部份。枋寮除有許多列車停靠之外，全台僅存，每日一往復的普通車也以枋寮為起訖點，吸引不少旅客特地前來搭乘、懷舊。

自枋寮南下，穿越台一線，跨過士文溪進入枋山鄉，隨後來到加祿站。據聞軍方曾計畫將三軍聯訓基地遷建於此，為了基地之運輸需求而設立加祿站，規劃貨運調車基地並停靠莒光、復興號，因此擁有廣大的站場；然而遷建計畫並未實施，調車場亦未啟用，僅在近年停放一些報廢或停用車輛，莒光復興也未按計畫增停，至今只停靠區間及普通車各一往復，搭車旅客稀少，車站收入主要來自加祿堂營區之物資運輸，因此有著「最大的小站」之稱。由站前道路穿過芒果園、台一線及房舍巷弄間後便可抵達大片的卵石海灘，是聞坐聽濤的

好地方。

離開加祿，不久即進入隧道—但它並非真正穿山越嶺的隧道，而是因加祿附近過去有海軍對陸艦炮射擊靶場，為避免列車被砲彈誤擊而在平地上興建，結構經過強化的「嘉和遮體」，為台灣唯一的鐵路掩體，但在南迴通車前靶場即遷離加祿而使遮體無用武之地。駛出遮體渡過南勢湖溪，就抵達位於彎道上的內獅站。內獅車站以其充滿中國北方宮殿風格的建築聞名鐵道圈，然而此設計卻和其服務的內獅、南世兩個排灣族部落毫無關聯；車站周遭人口稀少加上一天僅停靠四班車，便利度遠不如台一線上公路客運的情況下，使得本站運量長期居於全台各站之末。

⬆ 駛過內獅部落旁的普通車，準備停靠內獅站。 攝影／蘇鎣豪

西部平原逐漸收攏，列車也逐漸爬上山坡。 攝影／馬世駿

內獅─枋野

一離開內獅，列車便卯足全力爬上山腰，車上的視野逐漸開闊，能見度高時海平面彼端的小琉球清晰可見；若往下方看，廣大的屏東平原在此收尾，海岸線逐漸靠近山腳，鐵公路也開始依著地形蜿蜒。通過數個隧道，來到枋山海纜通訊中心下方，準備抵達枋山之際，枋山溪沖積扇在眼前展開，沿著海灣的枋山市區、楓港甚至更遠方的車城恆春一帶盡收眼底，被稱為是台版的三大車窗風景之一。

枋山站因應地勢而設站於半山腰，遠離市區且一日僅四班車停靠使其難以被當地人利用，但這座全台最南端的車站卻吸引不少旅客特地前來一探，日落時分更是觀夕的絕美景點。而自加祿開始，一直到枋山，放眼所及的一片片果園種植著枋山鄉的名產─愛文芒果，除了對國內外熱銷之外，也有部分果園觀光化供旅客遊憩、休閒。

離開枋山，告別台灣海峽，列車在枋山溪谷穿梭，往中央山脈前進，沿途幾無人家，只有翠綠

送迎往來列車，乃枋野站的任務之一。 攝影／馬世駿

的群山以及滿坑滿谷的芒果樹；進入枋野站前，枋山四五號隧道間的高架橋大彎宛若長虹劃過山腰，更是令人難以忘懷的壯闊景色。

穿越枋野一號隧道後，列車進入枋野站。位於深山中的枋野站雖不辦理客貨運，然而除行車業務外，枋野站也肩負了中央號誌站的管控以及監控枋野二號橋之風速，並作為周遭山區路線的養

車過枋山，轉進種滿芒果的枋山溪谷。 攝影／鄭帆評

俯瞰枋山站及後方的枋山市區。 攝影／鄭帆評

穿梭溪谷間的南迴線列車。攝影／陳威旭

位於山中的枋野站。攝影／蘇綮豪

護基地，對於南迴線之運行安全可說舉足輕重；但也因為位處深山交通不便，區間及普快車還是會停靠供車站人員上下班搭乘及遞送公文。枋野站附近，原名內獅瀑布的卡悠峯瀑布號稱枋寮以南發現最大的瀑布，吸引許多遊客前往尋幽。

枋寮一號隧道前的台灣海峽景觀。 攝影／鄭帆評

枋野二號橋，溪谷在強風吹拂下一片淒涼。 攝影／陳威旭

枋野＝大武

離開枋野，穿過隧道，便來到「惡名昭彰」的枋野二號橋，由於該橋橫過山谷，地形效應增強落山風並垂直吹向橋面，為避免過橋列車遭強風掃落，除設置風速監測，必要時通知列車慢行或暫停避風，橋上也架設鐵網防止列車墜落；彎繞的溪谷在破碎地質和強風橫掃下寸草不生，頗有荒谷絕壁之感。再過一個隧道，全長八・〇七公里，南迴最長、全台第二長鐵路隧道的中央隧道就在眼前。由於枋野古莊間長達二十公里且多長隧道(包括中央隧道及南迴第二長之安朔隧道)，考量未來南迴增班可能，避免路線容量受限，中央隧道至古莊間興建為雙線，並在中央隧道兩端設中央、菩安兩號誌站加以控管，但通車後僅啟用西側的中央號誌站。單線鐵路在中央號誌站一分為二，進入漫長的隧道旅程，漆黑中列車從屏東縣跨到台東縣，同時也越過南迴鐵路海拔最高點；之後一路下滑到東口，東口旁的建築就是未啟用的菩安號誌站。列車跨越安朔溪，接連再通

⬆ 渡過大武溪，即將進入大武站的莒光號。 攝影／蘇綮豪

⬆ 結束漫長的漆黑旅程，自中央隧道西口探頭的列車。 攝影／鄭帆評

⬉ 晨光之下，普通車準備停靠古莊。 攝影／蘇綮豪

⬅ 尚武村內的大武漁港。 攝影／蘇綮豪

過數個隧道之後，抵達古莊站。

古莊站是來到台東的第一站，也是南迴雙線段的東側管控站，但因旅客稀少，在售票電腦更新時未跟進而停止售票，乘車者須上車補票。車站位於古庄部落旁，沿溪流往海邊走則抵達大武鄉行政中心所在，環繞著大武漁港的尚武村，維持小漁村風貌的尚武村外海即為漁場，漁產豐富，尤以十一月盛產的「油帶魚」為特產，漁港旁的路燈也以油帶魚為造型；古莊大武間，由湧泉天然形成的「金龍湖」位於山坳林地之中，是鄰近農地的灌溉水源，寧靜的湖光山色令人不自覺駐足。

古莊站到大武站距離並不遠，列車沿著山腰一路前行，穿過數個長短不一的隧道，當開上大武溪橋，再一次看到湛藍大海時，列車也將抵達大武站。

列車經過大鳥海濱的風光。 攝影／陳威旭

自大武站月台眺望太平洋。 攝影／蘇棨豪

滿載自然生態與歷史軌跡的浸水營古道。 攝影／崔祖錫

大武＝瀧溪

大武站是南迴主要車站之一，若搭乘對號車，大多枋寮開車後一路到大武站才停車，窗外的海也從西岸台灣海峽變成彼端的太平洋；大武站因應地勢設計成入口為一樓，售票及剪收票口在二樓，月台位於三樓，在月台上即可俯瞰大武市街及海岸。大武市街分踞大武溪南北，自車站所在北岸，越過大武溪到南岸，在海濱公園和台九線分歧的大武街是舊市區所在，路口的大片七彩牆及彩虹村成了鮮明的地標；位於大武神社遺址的林務局大武工作站後方有條大武觀海步道，顧名思義可於步道頂端欣賞大武海岸；大武亦為清朝所建，通行至水底寮之「浸水營古道」終點，這條古道記錄著先人往來東西的足跡，留下許多部落及營盤遺址，並穿越數個自然保護區，可說是條歷史與自然饗宴之路。

大武站過後，列車沿著海岸邊的山腰北上，橋隧相間，列車居高臨下，堪稱環島鐵路中最佳海景路段，偶爾還可見到綠島及蘭嶼；此外這段鐵路經過諸如大

尚未啟用便胎死腹中的富山站。 攝影／蘇棨豪

鳥、加津林等許多原住民部落，乘客中原住民比例也不低，可說是「原」味十足的路線。之後列車通過富山站，和菩安號誌站相似，為方便列車交會而興建的富山站在南迴通車前夕取消設站，空留月台及機電房；富山站上方的山地是原富山部落所在，但歷經數次遷村，莫拉克風災後遷至大武市區的彩虹村，卻也讓族人面對房屋分配、遠離傳統領域等問題，讓色彩繽紛的彩虹村蒙上了一層陰影。車過富山，再經過一個隧道，跨越大竹溪，就抵達瀧溪站。

⬆ 裁撤後人氣反而大增的多良站，月台紅欄杆是最醒目的特徵。 攝影／蘇緊豪

⬇ 列車通過金崙溪，鐵公路橋間為已消失之舊虷仔崙橋。 攝影／柯盛文

⬇ 一片綠意中進入瀧溪的莒光號。 攝影／蘇緊豪

⬇ 於廢校後的多良國小設立的「向陽薪傳」木工坊。 攝影／蘇緊豪

⬆ 瀧溪站前的大溪社區。 攝影／蘇緊豪

瀧溪＝金崙

瀧溪原訂名大竹站，南迴線施工時欲更名為大溪，但因與宜蘭線大溪站同名，後來取車站周邊「大溪」和「瀧」兩部落之名合稱「瀧溪」，而非此地名實際存在；瀧溪營運初期僅停普通車，後來應當地居民請求增停莒光，並曾刻有「莒光增停紀念」章存放於站內。站前是分布於大竹溪河階地的一系列村落，車站所在的下大溪是交通及行政中心所在。

離開瀧溪，列車續行山海之間，數度明暗後倏忽一道紅色欄杆掠過窗外，乃為著名的多良車站。多良原和富山一樣設計為交會站並計畫兼辦客運，但多良站在南迴線正式營運前改為招呼站，隨後拆除站內側線。興建於高架橋上，欄杆外就是廣闊的太平洋海景，號稱「台灣最美車站」的多良站在二〇〇六年因運量不足裁撤後人氣不減反升，除數班郵輪式列車、專車指定停靠外，在整建觀景平台後遊客更絡繹不絕。由車站往上就是多良國小，在廢校數年後改為向陽薪傳

俯瞰金崙車站及群山環抱的金崙村。 攝影／陳威旭

木工坊，利用漂流木製作各種工藝品，除解決漂流木問題，也創造在地工作機會，吸引族人返鄉並傳承傳統技藝。再上方是多良部落所在，沒有遊客的喧囂，壯闊山海彷彿已融入生活風景的一部份，自然而悠閒。

列車再度穿越隧道，跨越金崙溪出海口，抵達金崙。金崙站位於海岸邊，站場乃利用南迴施工時開挖隧道產生的廢棄石碴墊高，以便在高低起伏的東海岸取得大片平地。金崙是台東著名的野溪溫泉區，在金崙溪畔挖掘即可得泉水，除了在溪畔泡湯、戲水、釣魚，享受自然山川外，沿著金崙溪岸也分布了不少溫泉旅館或民宿。金崙南側，在鐵路及公路橋之間原有一座充滿古意的舊「虷仔崙橋」，是電影「練習曲」的著名場景之一，可惜在八八風災遭沖毀，殘留的部分也拆除殆盡，美麗橋身只能在畫面裡追憶。

華源海灣，海灣末端即為台東市區。 攝影／古庭維

金崙＝知本

金崙出站後，隨即進入南迴第三長的金崙隧道及後方的香蘭隧道，接著通過南迴通車不久即遭裁撤的香蘭站，再往北就是在莫拉克及凡娜比颱風侵襲中遭沖毀路堤，導致南迴線兩度停駛數月的南太麻里橋；由於該橋北端路堤建於太麻里溪氾濫區內，當洪水衝破侷限其原有流域的堤防，路堤便首當其衝。即使如今破堤已補，新橋通車，大地傷痕逐漸彌平，自然界的力量仍不容忽視。

列車渡過太麻里溪，繞過市區，來到太麻里站。太麻里乃排灣族語「太陽照耀的肥沃土地」之意，因二〇〇〇年在此舉辦千禧迎曙光活動而有了「日昇之鄉」美名，自此每逢跨年便會於海濱的曙光紀念園區舉辦迎曙光活動，台鐵亦配合開行遊輪式列車至太麻里共襄盛舉。此外因原住民佔太麻里鄉人口的三分之一，每年七月至八月間各部落的豐年祭、收穫祭也吸引眾多遊客來訪；位於市區西邊的金針山更是著名金針花勝地，除每年八

穿越斷崖海岸，來到香蘭的普通車。 攝影／古庭維

金針山上金針花盛開的風景。 攝影／古庭維

兩度遭洪水沖毀的南太麻里橋，一旁新橋正在興建中。 攝影／蘇綮豪

列車通過北太麻里橋。 攝影／蘇綮豪

到十月間的金針花季外，一年四季各有不同花卉景觀，也盛產釋迦、玉荷包等農產。

離開太麻里，繞過小山丘回到海濱，再通過往台東最後一座隧道，來到華源地區；若從高處望去，鐵公路沿著椰林處處的海灣纏綿，向北往海灣盡頭的台東市區奔去；向南展望，太麻里溪沖積扇、瀧溪站一帶海岸到更遠的觀音鼻，幾乎整個東南沿岸都盡收眼底。之後列車通過台東(舊)太麻里間臨時營運期稱為美和，正式營運數年後遭裁撤的三和。南迴線上一系列的廢站在「生前」都苦於班次極少、周圍人口不足、離大站太近等問題，且不若北迴線尚有水泥產業維持一定貨運收入而難逃關門命運。離開三和後，南迴線總算告別山海夾擊的路段，地勢逐漸平緩。鐵路跨越知本溪及台九線，抵達知本車站。

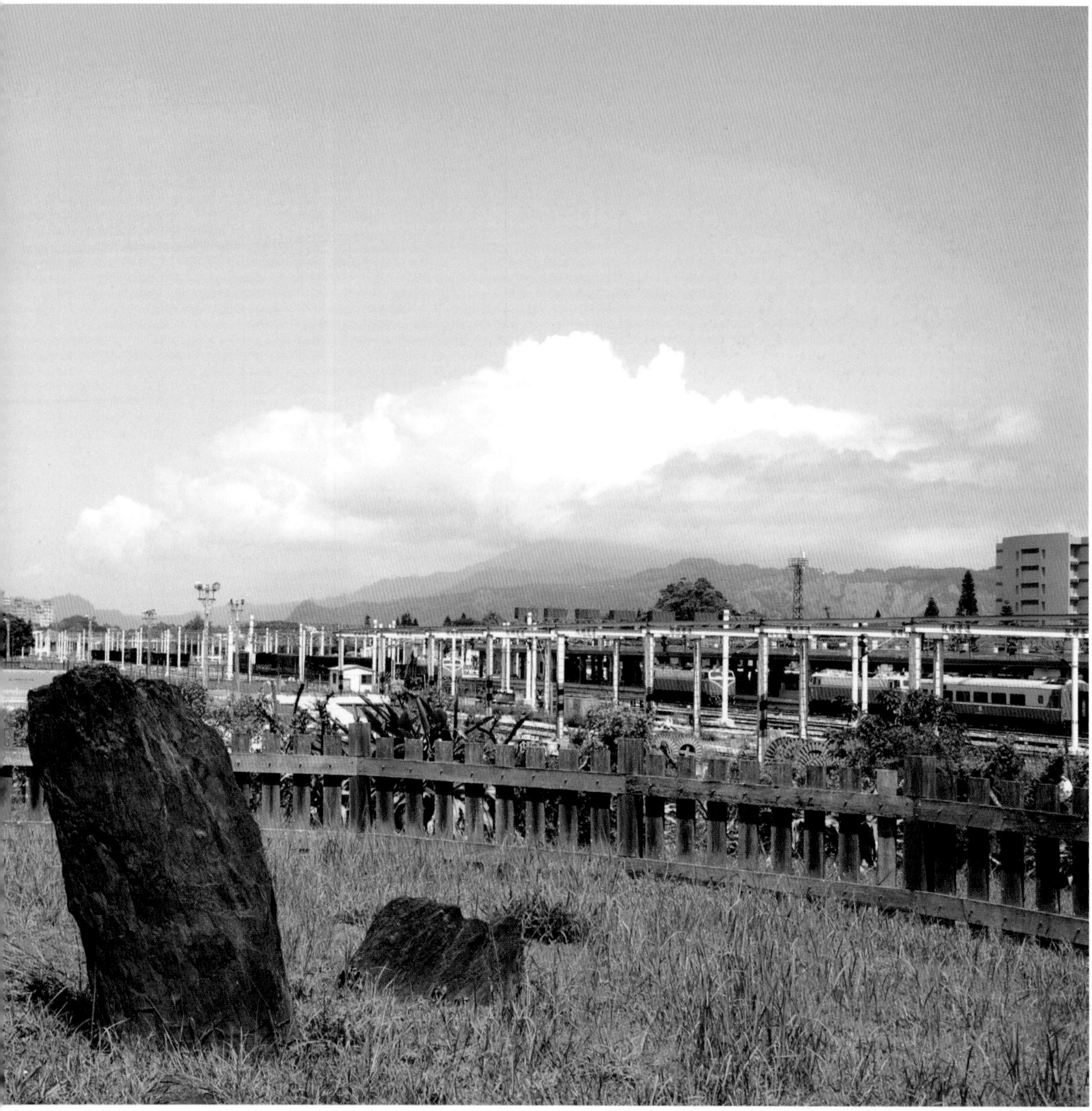

台東車站後方，卑南文化所遺留之月形石柱。 攝影／蘇緊豪

知本‖台東

卑南知本間是南迴線最早通車的路段，數十年後台東線電氣化工程延伸則使這段路線率先邁入電氣化時代，但站內也展示著來自台東線，知本並未使用過的臂木式號誌機。知本原名卡地布，為卑南族語「團結」之意，散居於知本的三大氏族被日本人統一遷居部落現址；近年部落內設立文化園區，並復原數棟卑南族傳統建築及其相關之儀式，作為傳承及觀光教育場所。車站數公里外的知本溪沿岸在日本時代即因具豐富溫泉資源而開發，如今已是著名的觀光溫泉區，縷縷白煙不時自溪谷兩側的溫泉池冒出；溫泉區上游則是知本國家森林遊樂區，少了塵世的紛擾，是滌淨心靈之好去處。

離開知本，跨越利嘉溪，不久抵達康樂。康樂站早期肩負永豐餘紙廠及豐年機場之貨物運輸，但隨著運輸型態改變，貨運量大減，各側線悉數拆除，反倒因台灣史前文化博物館的設立使康樂成為其門戶車站，站內外因此增加不少史前文化風格之圖樣。台

⬆ 自台東站啟程南下的列車。 攝影／蘇綮豪

➡ 台東站第二月台上之二層樓建築乃為卑南站時期之站房暨行車室。攝影／蘇綮豪

⬆ 康樂站旁的國立台灣史前文化博物館。攝影／蘇綮豪

⬆ 卡地布文化園區內的卑南族傳統建築群。 攝影／蘇綮豪

灣史前文化博物館以台灣自然史、台灣史前史以及台灣南島民族為三大展示主題，另外也做為台東周遭史前文化、原住民發展史的研究基地。康樂站前不遠之豐年機場則於近年改名為台東航空站，往台北之航班外亦肩負綠島、蘭嶼之航空運輸。

離開康樂後，遠方的台東市逐漸映入眼簾，在通往市區的舊鐵道匯入，再次跨越台九線後，抵達南迴線終點台東站，旅客們也大多在此轉乘台東線列車或出站接駁至各景點。今日台東站始於一九八二年東拓時興建之卑南站，一九九二年南迴全線試營運時改名台東新站，二〇〇一年往市區的鐵路廢止後正式成為南迴及台東線的起迄站，隨後更名為台東站。本站施工時挖掘出沉睡千年的大量卑南文化遺構、遺物，經搶救考古確認為台灣規模最大、最完整的史前文化遺址，亦為環太平洋地區最大石板棺墓葬遺址，並催生了位於站後的卑南遺址公園以及位於康樂的台灣史前文化博物館，目前遺址已被列入國定遺址以及世界遺產潛力點。

台鐵北迴線與屏東・南迴線嚴選必遊車站之①

大山大河部落小站──武塔站

蘇花中途喘口氣

文／攝影 古庭維

「武塔」來自原住民語言音譯，這類的站名在台鐵已非常稀少。貨運鼎盛的北迴線沿途，沒有砂石、石灰石、水泥可以運送的武塔站，是全線唯一僅有兩條股道的車站。車站旁沒有出海口的大橋，也不在海岸邊，而是北迴線難得的山谷路段；路線由部落邊緣劃過，車站北端緊鄰著武塔隧道，南端彎道過後跨過南澳南溪，緊接著進入台鐵最長的新觀音隧道。在北迴線雙線電氣化歷經改建與改線，武塔從重要的交會站降為招呼站，新建的月台的確少了古意，但真正讓小站氣氛蕩然無存的，是車站上空橫越的新蘇花公路。即使如此，武塔依然是拍火車的好地點，也是北迴線上距離部落最近的車站，「沙韻之鐘」的故事場景，就是發生在舊流與部落與武塔之間的古道中途。

⬆ 蘇花改公路工程正快速進行。

⬆ 通過南澳南溪的列車與武塔聚落。

自強號快速通過。

已遭破壞的「愛國乙女サヨン遭難之地」紀念碑。

位在車站附近的武塔國小。

台鐵北迴線與屏東・南迴線嚴選必遊車站之②

屏東平原風格小站

田野月台──崁頂站

文／攝影 古庭維

潮州與南州兩站之間的崁頂，單線的鐵路經過聚落外圍，車站入口停滿腳踏車，再加上燠熱空氣與檳榔樹烘托點綴，保守著濃厚的屏東農村氣味。崁頂站月台上原本有一座簡易房舍，作為售票與候車之用，可惜已拆除改建廁所。因此除了月台、雨棚之外，廁所就是這座車站的唯一建築物。崁頂鄉觀光資源相當稀少，如此簡單、甚至簡陋的小小站，更需要放空心情拜訪。在空盪的月台上，欣賞柴油火車高速通過，別具小站情懷。還好屏東線區間車班次也不算少，在潮州或南州換乘高級列車，往來其實頗為方便。隨著屏東潮州鐵路完成高架化，以及南迴鐵路展開電氣化工程，屏東線的純樸風光正快速消逝，像崁頂站這樣「什麼都沒有」的農村月台，在台灣已經不多見了。

⬆ 僅有單線鐵道通過。

⬆ 南國風情的空盪月台。

⬇ 月台邊停滿了腳踏車。

⬆ 崁頂站是台灣為數不多的農村月台之一。

⬇ 車站入口處。

台鐵北迴線與屏東・南迴線嚴選必遊車站之③

台灣鐵道最南點

半山腰的落日觀景台—枋山站

文／攝影 古庭維

南迴線車站幾乎都有大山大海的景致，最不可錯過的就是位在台灣鐵路最南端的枋山。鐵路從枋寮出發向南，從內獅開始不斷爬高，來到枋山時已在半山腰上，恰好展望枋山溪出海口的沖積平原，在理想的天氣狀況下，搭火車就能望見小琉球和恆春半島。路線在枋山轉往東行，開始深入中央山脈的核心，隨著鐵道轉向，風景又立刻切換為枋山溪流域的深谷與巨岩峭壁。山海景通吃的枋山，是環島路線上無站能出其右的絕景車站！落日時分更為精采，金黃火紅的海面讓人印象深刻，墾丁關山夕照相形失色。只停靠普快與區間車的枋山站，是背包客的一大挑戰，若不搭乘火車，就必須徒步二〇分鐘至山下的台一線公路搭乘客運，但不失為一個安排行程的好方法。

⬆ 依山傍海的枋山站。

⬆ 缺少維護，長出銀合歡的花圃。

⬅ 車站就是最佳的風景點。

⬇ 僅有普快車與區間車停靠。

⬆ 夕日餘輝裡的區間車。

環島鐵路入山玄關車站

被遺忘的糖鐵轉運站九曲堂

文／攝影　古庭維

從高雄到枋寮，從起點到終點都在平原地帶的屏東線，途中居然也有通往山城的起點站嗎？位在高屏大橋右岸的九曲堂，曾經可以轉乘糖業鐵道通往旗山，砂糖與各種農產在此貨暢其流！

⬆ 九曲堂站外的「泰芳商會鳳梨罐詰工場」遺跡。

⬅ 曾為轉運大站的台鐵九曲堂站。

⬇ 由旗尾線鐵道改建而成的道路。

曾經的最南端轉運站

對外地人來說，九曲堂或許是個陌生的地名，但是在一百年前的九曲堂，卻是具有崇高地位的轉運站。一九〇七年十月一日，打狗到九曲堂之間的「鳳山支線」開通，九曲堂當時是終點站。不到一年後，縱貫線通車，台灣西部進入產業新時代，旗尾製糖所（旗山糖廠）與阿緱製糖所（屏東糖廠）都在一九〇九年設立，九曲堂往旗山的鐵道也在同年開始興築；當時下淡水溪橋尚未開工，因而也從九曲堂架設輕便橋樑供五分車行駛，直到屏東線於一九一三年通車至阿緱為止。

一九一〇年八月廿日，旗尾製糖所經營的「旗尾線」開始營

業，一九一二年又延長到美濃的竹頭角。這條糖廠鐵道從九曲堂出發，沿著高屏溪的右岸前進，雖然是大型河川的下游，但鐵道行經的這一岸卻是高聳的河階夾雜丘陵邊陲，為了克服崎嶇地形，只能盤山展線減緩坡度，從九曲堂到旗尾總里程超過三〇公里，途中經過大樹與嶺口等地。旗山是通往甲仙、桃源等山地的前哨站，加上糖廠的設立，發展成頗有規模的市街；從一九三〇年代開始，旗山車站每年有超過三十萬名乘客，搭乘火車到九曲堂轉車前往西部各地。

和所有糖廠客運鐵道的結局一樣，由於交通政策使然，公路系統漸漸發達，自有車輛普及，糖廠鐵道迅速沒落，至一九七八年旗尾線停止客運營業，一九八二年鐵軌拆除，僅留下造型特殊的旗山車站。與旗尾線重疊的公路路廊，是今日的台29線省道，但從旗山通往西部平原的交通軸線，則是被通往台南、楠梓及左營的台28線、台22線及國道10號徹底取代。也因為這樣，遭到「邊緣化」的九曲堂，昔日的輝煌已完全見不到一絲端倪。

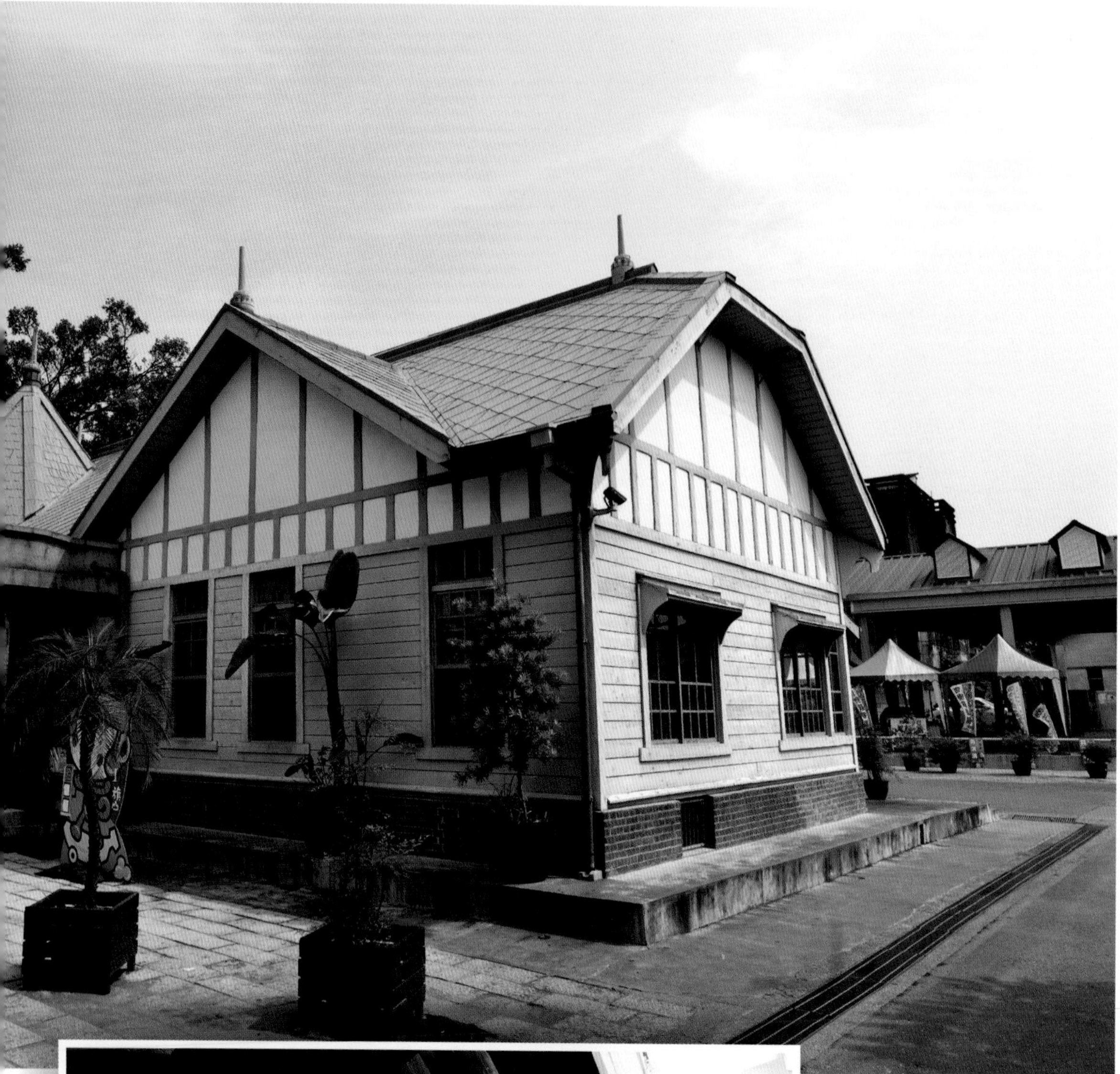

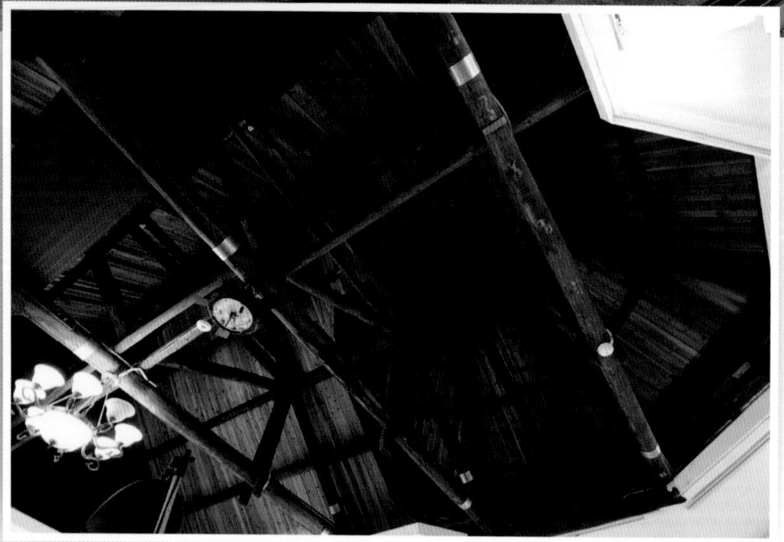

⬆ 造型出眾的旗山車站，推測於大正初年興建。

⬅ 旗山車站擁有歐式外觀，但內部木構為日式工法。

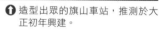

大樹車站舊址。

旗山糖廠於 1909 年設立，鐵道於隔年通車。

旗山老街著名的石拱亭仔腳。

鐵道絕景之旅

挑戰中央山脈
屏東線南迴線北迴線

文／攝影　古庭維

穿越中央山脈主脊的北迴線與南迴線，由於工程過於艱鉅，因而成為環島鐵路最慢完成的部份。大山與大海交錯的景觀，也是這兩段路線的共同特色。銜接南迴線的屏東線，雖屬平原路線，距離山與海卻不遙遠，而成就獨特的屏東場景。

⬆ 列車通過北迴線立霧溪橋，太魯閣峽谷的錐麓山探出頭來。

⬆ 長 2,104 公尺的清水隧道。

⬅ 位在和仁隧道與清水隧道之間的「大清水」。

⬇ 直接在斷崖上開鑿的蘇花公路舊道。

北迴絕景清水斷崖

蘇澳與花蓮之間的第一名景，毫無疑問非清水斷崖莫屬。位在和仁與崇德之間，幾近垂直的岩石峭壁，從海面直上超過兩千公尺，從花蓮市就能遠望這座「清

水山」的雄姿。開鑿在臨海山壁上的舊公路早已是代表性的景觀，但由於安全問題，蘇花公路在近年已改走長隧道，避開落石不斷的清水斷崖。

和仁與崇德兩站相距大約十公里，為了穿越清水斷崖，中途共有三段長隧道，分別是和仁隧道（二、四一二公尺）、清水隧道（二、一〇四公尺）與崇德隧道（二、六八三公尺），隧道總長度超過七公里。通過清水斷崖之後，北迴線開始進入平坦地形，即將抵達終點花蓮，而崇德隧道也是北迴線最南邊的一座隧道。

搭火車觀賞清水斷崖的最佳角度，大約是在崇德車站前後，反而通過斷崖時幾乎全程在隧道內，只能在洞口與洞口間匆匆一瞥海岸峭壁，或是把握時機仰望另一側窗外高聳的山勢。若要欣賞火車通過斷崖的景觀，最直接的地點，就是在和仁隧道與清水隧道之間的「大清水」。從蘇花公路大清水隧道南口的廢棄舊道進入，經過樹叢及崩壁之後，可抵絕佳展望位置。不過由於安全因素，舊道入口處已有告示勸導民眾不要進入。

清水斷崖

是蘇花公路及北迴線鐵路第一勝景。從「大清水休憩區」往北上方向前進，沿路欣賞斷崖大景，讚嘆大自然鬼斧神工。尤其是大轉彎處，還可以到公路外側的展望點，除了俯視北迴鐵路南來北往的列車高速通過，能見度佳時還能遠眺崇德到花蓮港之間的海岸。壯觀的斷崖下是一片湛藍海水，不時可見漁船作業；這一帶海域以定置漁場聞名，其發展可追溯至一九二〇年代，是比北迴線歷史還要更悠久的人文風光。

⬆ 只牽引一輛守車的貨物列車通過北太麻里溪橋。

⬅ 由太麻里出發的普快車。

⬇ 由金針山的方向遠望北太麻里溪。

北太麻里溪橋

以新年第一道曙光和金針山而成為知名景點的太麻里，其實也是看火車的好地方！火車站後方前往金針山的「佳崙產業道路」，是許多遊客賞花的必經之路，因而沿途也設置許多觀景平台。事實上，在南台東的東海岸，少有如此被高度開墾的山區，能如此輕鬆賞景的機會並不多。太麻里聚落南北兩側皆有溪流通過，南太麻里溪在二〇〇九年莫拉克風災時重創南迴線，寬闊的出海口清晰可見。南迴線的北太麻里溪橋擁有高聳的橋墩，壯觀的大橋距離出海口亦不遠，具有大山大海的南迴風格。

北太麻里溪橋是南迴線東著名的鐵道攝影點，除了從南迴公路或金針山拍攝，也能從北側取景。從南迴公路轉入東61鄉道，由北太麻里聚落旁上山，在山坡上的釋迦園也有經典的攝影角度，許多沒有交通工具的日本鐵道迷，甚至從太麻里車站徒步前來。由北往南眺望，可以從火車通過南太麻里溪橋開始觀察，接著隱身進入聚落裡，即將抵達

月光下的太麻里聚落。

太麻里站時再次現身，接著在轉彎後通過漂亮的大橋。位在南太麻里溪出海口南側，有類似機場跑道的結構，但並不是真的飛機場，而是空軍的空炸靶場。

新吉隧道

位在太麻里與已經廢棄的三和站之間，這段路線穿過羅打結山和美和山，是南迴線抵達台東前，最後一段山區路線。為了避開長隧道，鐵道從山腳侷促的空間通過，緊鄰著華源海灣前進，新吉隧道是途中唯一的山洞，也是進入平原區前最後的山洞。鐵道旁是充滿熱帶風情的椰子樹，同為東海岸，但與北迴線動輒千古絕壁的樣貌截然不同；隔著華源海灣，遠方已可見台東市區與都蘭山，散發著旅程終點前的悠揚心情。

往台東的普快車通過枋野一號橋。

祕境枋野

從枋山開始，南迴鐵路藉著枋山溪的河谷向東彎去，告別台灣海峽，往東岸的太平洋前進。特別的是，枋山站到古莊站之間有二六・九公里，路途中沒有任何聚落，也沒有完全平行的道路。枋山站因為距離市街太遠，旅客極為稀少，早已被降等為無人招呼站；反而是距離枋山六・九公里的枋野車站，位處沒有通訊的深山中，卻是有派站員的三等站。這樣的安排，就是為了守護這段沒有人煙，而且聯外道路不便的鐵道，尤其是枋野站附近的枋野二號橋，早在通車前就飽受落山風問題所苦，因此裝設台鐵唯一的側風儀，而設備就由枋野站監控與管理。

在枋山與枋野之間，鐵道一度往北轉彎，沿著枋山溪的支流阿士文溪前進。這個區域在十九世紀末年仍有內文社、外麻巴里社等部落，也有橫斷中央山脈的古道，但在總督府原住民政策的整頓後，就成為無人居住的區域。如今這一帶盛產愛文芒果，乾季時河床還可種植西瓜，但也僅有

⬇ 守護南迴線祕境地帶的枋野站。

⬆ 旱季時枋山溪與阿士文溪大片的西瓜田。

⬇ 裝設有防風網的枋野二號橋。

農民會在此進出，是環島路線上難得一見的未開發地帶。

高屏溪橋

是高雄通往屏東必經之路，也是環島鐵路建設歷程中的一大難關。目前的雙線混凝土大橋於一九八七年通車，老鐵橋則在一旁隨行。寬闊的河床背後，大武地壘拔地而起，就在屏東平原的彼端坐鎮著，是守護這片大地的母親山。而鐵橋與大武山的組合，正是最具有屏東識別的玄關地景，即使壯觀的老鐵橋已經中斷，依然是屏東人在回家路上最難忘的記憶。早晨五點半，斷橋下滾滾江水漸漸明亮，金黃曙光從山稜背後燃起，又是一個尋常而溫暖的屏東清晨。

古今車窗風景

文／翻譯 黃偉嘉

屏東線古今車窗風景旅行

本次選擇屏東線（舊稱潮州線）三塊厝＝鳳山、九曲堂＝六塊厝及當時的鐵道最南點：潮州＝溪州，供讀者比較七十餘年前的車窗風景，增添鐵道旅行的懷舊趣味。

導讀

今打狗鐵道故事館，原為台鐵高雄港車站，更是縱貫線通車時打狗驛（高雄車站）所在地。打狗驛身兼縱貫線終點及屏東線起點。往來屏東及臺南以北，都需在此換車。在本書寫作的年代，位於「大港」的新高雄車站正在興建，附近幾無人工建物，視野遼闊。當時屏東線在此有一小站，稱「三塊厝」，戰後一九八六年廢止。三塊厝站房為市定古蹟，鐵路地下化後，預定在縱貫線恢復三塊厝簡易站。

三塊厝（さんくわいせき）—鳳山（ほうざん）（8・3KM）

夾在三塊厝與鐵道之間的，是東洋製罐株式會社，一分鐘製造三百罐。

雖在此見不到，但在車站右側四百公尺處，有著面對鳳山街道，主祀太子爺的三鳳亭廟。九月初九慶典十分熱鬧。

（發車後）右方木造磚製建物，為高雄中學校。左側建物則為台灣電力株式會社變電所。

中學校旁邊正在整地中的，是新高雄車站的建設地。這邊稱為「大港」，從州廳一直到新站右邊，未來應會成為大高雄的中心地帶。那個方向的白堊色大建築物，為日本輕銀株式會社高雄工場，那邊一帶地名為「戲獅甲」。而右手邊遠處所見到的，是旗後的方向。

隔著鳳山街道，旱田之中有一建物，為台南刑務所高雄支所（註：刑務所即監獄），高雄市境至此為止。右邊遠處鳳山平原的竹藪間，可見一大煙囪，是台灣製糖株式會社後壁林製糖所，一期製糖量為三十八萬擔。不久，前方有一個小丘狀的堆堤，那是高雄富豪陳中和的墓園。再往前，可看見一屋宇的背面，則是關帝廟。

右側紅土的旁邊，可見到的聚落是鳳山郡鳥松庄的「灣仔內」、「赤山」。列車已近鳳山。

↓ 1941 年啟用的高雄新站。

⬆ 高雄鳳山間的都會風貌。 攝影／呂孟原

↖ 高雄車站進行地下化工程已超過十年。 攝影／古庭維

⬅ 市定古蹟三塊厝車站現貌。 攝影／呂孟原

⬇ 位在哈瑪星的打狗驛舊貌。

海天一色的仲夏南迴線。攝影／陳威旭

超完美取景角度

海山大景×遼闊平野
北迴、南迴、屏東線的精采多變

文 林宜潔

北迴、屏東及南迴線，這三段風格迥異不同的鐵路，在環島路網中扮演著接駁「後山」交通的重要角色。壯闊的清水斷崖以接近垂直的角度與太平洋相交；曾被詩人余光中寫進詩中的屏東平原有著樸實的鄉村風景；橫跨中央山脈且沿途開發程度不高的南迴鐵路，各自擁有獨樹一格的美景。但是冗長的路途與漆黑的隧道，乘車時常常忽略掉窗外美景而呼呼大睡。有機會不妨安排時間，下車走走，透過相機的觀景窗，嘗試使用各種構圖，忠實記錄這三條各具特色的路線。

北迴線拍攝基本款——

沿途各大橋樑

北迴線行經的地形特殊，氣勢磅礴的清水斷崖直入汪洋大海，造就的風景讓許多攝影者前仆後繼前往朝聖。由於北迴線大多以鑿穿隧道來克服多山及斷崖的地形，永樂到崇德間能拍攝且容易抵達的攝影點並不多，通常就以橋樑為最基本款，而絕大多數的取景地點，都位於蘇花公路或鐵公路的舊跡之上，因此拍攝時需格外注意公路上疾駛而過的車輛。崇德站以南逐漸進入平原區，但因路線邊景色較雜，大多以單純的列車攝影為主要拍攝方式。

和平＝和仁

和仁溪橋

和仁車站位於卡那剛溪（和仁溪）沖積扇，附近僅有一個小聚落，幸福水泥公司在此開採石

鐵道寫真家

攝影Tips

和仁溪橋

此處適合春夏秋季中午前拍攝，建議使用105mm左右（全片幅系統）的焦段拍攝列車與橋樑；或使用廣角（35mm）將和仁站及海岸線一起放入畫面中。 攝影／林宜潔

南澳北溪橋

此攝影點適合冬季前後的中午之前，各種焦段均適合。
攝影／古庭維

灰石，運送石灰石也成為和仁站的主要業務。從和仁站下車後，沿著蘇花公路向北行走約一・五公里，可抵達和仁隧道南口的舊蘇花路跡，視野開闊處即是拍攝北上列車通過和仁溪橋的最佳地點。雖不必擔心蘇花公路的車流威脅，但得注意落石。

南澳＝武塔
南澳北溪橋

北迴線大多數的橋樑都位在河川出海口，具有中游風光的南澳南溪橋，呈現了較為不同的風貌。位在南澳與武塔站之間的南澳北溪橋，南端緊鄰著新武塔隧道。從台九線公路通往金岳部落的宜55鄉道就從隧道口上方越過，也提供拍攝鐵路橋樑的絕佳視角。攝影點距離南澳車站大約二・一公里，步行約半小時。

⬆ 三棧溪橋
此處全年中午前皆可拍攝，建議使用 24 到 28mm 左右（全片幅系統）的焦段拍攝列車全側面與山景，或使用直幅構圖抓取列車局部與遠方的山稜線。由於鐵路與公路橋非完全平行，構圖時需注意水平。南下列車行駛的東正線距離公路橋較近，攝影時把握南下方向的列車效果較好。 攝影／陳映彤

新城＝景美
三棧溪橋

三棧溪橋是北迴線上少數幾個能拍攝列車全側面大景的攝影點之一，溪床上遍佈大小不一的石塊，清澈見底的溪水，背景則是翠綠層疊的中央山脈，很容易就能將多方元素收入畫面中。三棧溪橋位於景美車站北方約一公里左右，從車站出發沿著蘇花公路步行至懷恩橋，即可在橋上拍攝西側的三棧溪橋，但由於無人行步道，攝影時必須留心車輛。

屏東線——
尋找平原中的驚奇

詩人余光中曾以「車過枋寮」這首新詩，描述屏東平原的物產豐饒，而這也是屏東線沿途風光的最佳寫照。雖然屏東到潮州間已經高架化，拍攝條件較差，但是在潮州以南到枋寮一帶，仍可拍攝農田、香蕉林、檳榔園及魚塭等景觀。若是想拍攝鄉間小站與火車相會，則可在鎮安、東海等車站下車，將古樸的月台及列車一同放入構圖中。

⬆ 崁頂大草原

一年四季的午後皆可拍攝，若想拍攝藍天白雲下的草原列車，建議五月以後的夏季到八月前，較有機會因太平洋高壓而帶來好天氣。使用廣角端拍攝時切記注意鏡頭造成的變形，可能影響作品的呈現。 攝影／陳威旭

崁頂‖南州 崁頂大草原

位於崁頂站與南州站之間，在南州站下車後沿屏73鄉道步行約一・五公里，過了高架橋後，東側出現視野寬闊的景致，這裡就是鐵道迷暱稱的「崁頂大草原」。雖然被稱作草原，其實是農田與鐵道邊檳榔樹所組成的景觀。農田作物每季不同，時而休耕就會成為真正的草原。無論局部拍攝檳榔樹、田景及列車，或是使用廣角拍攝廣域遼闊的畫面，都有相當不錯的表現。

崁頂大草原2

位於崁頂站與南州站之間，在南州站下車後沿屏73鄉道步行約一・五公里，過了高架橋後，東側出現視野寬闊的景致，這裡就是鐵道迷暱稱的「崁頂大草原」。雖然被稱作草原，其實是農田與鐵道邊檳榔樹所組成的景觀（見第一一六頁）。

➊ 崁頂大草原 2 攝影／陳威旭

竹田＝潮州
東港溪橋

位於潮州車站北方的東港溪橋，舊鋼樑橋在日本時代通車，紅磚色的橋墩與河床上的綠色植物形成強烈的色彩對比。從東側的公路橋就可以拍攝列車側面景，是個非常方便又好拍的攝影點。二〇一三年屏潮計畫高架切換後，火車改行駛在鋼樑橋西側較高的水泥橋上，少了幾分特色。但是已規劃保留的舊鋼樑橋，以及河道上偶爾可見的釣客，也都是取景的好元素。

↓ 東港溪橋
本攝影點適合中午前拍攝，在公路橋上可拍攝全側面景。非雨季時，河道上遍佈綠意，增添畫面色彩。亦可在南岸堤防攝影，從東側取景，將列車與舊鋼樑橋一同入鏡，呈現新舊並存的衝突。
攝影／古庭維

↑ 東港溪橋 2 攝影／陳威旭

東港溪橋 2

行駛於舊東港溪鋼樑橋的區間車。

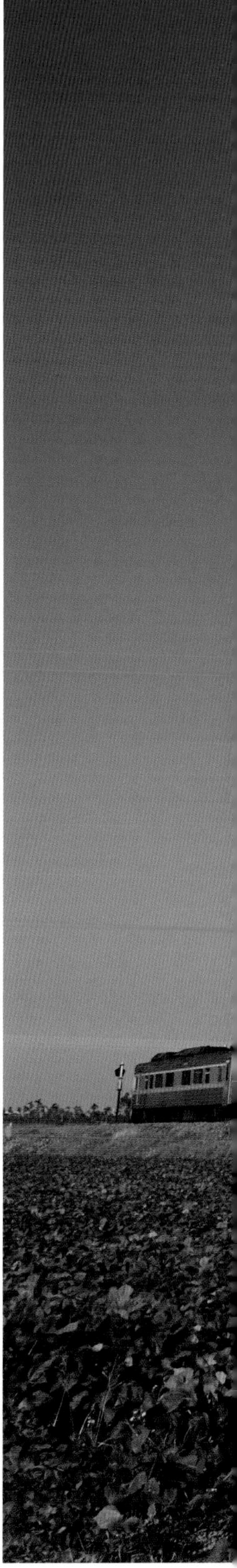

南國魚塭
此處整年上午皆可拍攝，上午十點前的太陽方位較適合，但以夏季的光線最佳。廣角焦段在這裡比較容易發揮。刻意調整拍攝位置，還可以捕捉到後方的海平面，更有南國意境之風。攝影／陳威旭

南迴大景 輕鬆拍

南迴線從台灣海峽穿越中央山脈來到太平洋，遇水架橋，遇山穿隧，是構成環島鐵路網的最後一段，直到一九九一年才完工通車。枋山站到古莊站間沿線幾乎沒有聚落，人煙罕至，蕭瑟原始的山野景致，成為這段鐵路的特色之一。除了山區秘境外，南迴線西段特有的芒果園景色，以及東段臨太平洋而行的鐵路，都是足以表現南迴線特色的攝影景點。南迴線目前仍未完成電氣化，但是工程已經開工，未來鐵道邊將插上電桿，部分瓶頸路段也可能改線，想拍照可要趁早。

內獅＝枋山 南國魚塭

位在內獅站南邊，南迴線的鐵道橋跨過一片魚塭。從南世內獅聯絡道路旁的芒果園拍攝，可以同時捕捉軌道、魚塭及大海三種元素；下午則由台一線旁漁塭拍攝，避開鐵網，或爬上水池邊，就可以拍攝列車與層疊的山景。本攝影點距離內獅站約一公里，搭乘客運或火車等大眾運輸工具也十分便利，但火車班次不多，拍攝時需注意乘車時間。

內獅魚塭2

內獅魚塭也可在下午拍攝，只要到台一線路邊，也就是鐵道西側即可。

南國魚塭 2 攝影／陳威旭

中央山脈祕境
這一帶的鐵道路線呈開口朝下的倒U字形，取景方式受陽光角度影響極大，可先以地圖配合氣象局網頁的太陽方位作為拍攝計畫的參考。冬季時芒果開花，也成為極具特色的構圖元素。
攝影／林宜潔

枋山＝枋野
中央山脈祕境

從枋山到古莊之間，南迴線穿過中央山脈，沿途幾乎沒有聚落，未經開發的原始景色吸引許多攝影者前往取景。從枋山由台一線轉入屏147-1鄉道，最遠可以抵達枋野站及中央號誌站，但路途遙遠，每逢雨季時常中斷，被視為攝影者的一大挑戰。依照「卡悠峯遊憩區」（內獅瀑布）的指標，過了枋山溪橋後左轉，即可抵達南迴線枋山三號、四號隧道。這一帶有許多隧道與高架橋，加上溪水或芒果園，用各種鏡頭都能簡單拍攝。

中央山脈祕境 2 攝影／古庭維

中央山脈祕境 2

晨曦之中闖入南迴祕境的自強號。

鐵道寫真家

迫力列車・穿越中央山脈

文／攝影　林韋帆

北迴線興築於台灣經濟起飛時代，這條從蘇澳新延伸到花東的鐵路，主要運輸目的是將中央山脈的石灰、石礦等原料，運送至花蓮的水泥工廠，加工製成水泥後出口外銷或供應內需。北迴沿線的蘇澳新、東澳、和平、新城站外皆可見到水泥廠的巨大身影，顯見此段鐵路為轉送水泥廠原料而設。

北迴線上少見的S彎線段，為拍攝傾斜式列車最佳選擇。

柴油機車大出力的怒吼聲　窺探於明暗之間，忽快忽慢

北迴線為台灣晚近新築的路線，選線以直線路段為原則，路線的走向多是規律的南北向，只有在南澳南邊附近，路線有些微的東西向。攝影取景時，一年四季都是上午北上車順光、下午南下車順光的定律，其他的路段則依太陽的走向（夏季北移、冬季南移）為主。

北迴線上最容易拍攝的就是長直線段的攝影點，地點大多平易近人，除了為取背景爬坡的大迫力列車，需要到離車站較遠、步行不易到達的地方之外，其他地方步行約二十到三十分鐘左右即可到達。

蘇澳新至東澳間——此段區間有S彎與直線段兩種可供拍攝，

↑ 單線段拍攝別有一番風情，是此區間內一大特色。

↓ 南澳南邊攝影點平易近人，晨間光線配上明亮的列車組更為誘人。

↑ 崇德南邊是唯一可以將列車與蘇花公路同時納入構圖中的攝影點。

前者位於蘇澳新站南邊的預告號誌前，S彎的兩端點皆可使用長焦段來進行拍攝。夏季上午須由北向南拍攝上行列車，下午反之；冬季則全天適合由南往北拍攝下行列車。特別推薦拍攝傾斜式列車太魯閣號、普悠瑪號，展現車輛行駛時的動態感。

直線段的拍攝則推薦東澳北、東西線分開行駛的路段，由於隧道的興築，將東西線分開，營造出不同於雙線路段的延伸空間感。此地點位於東澳北邊的戲水勝地——東岳湧泉正上方，從東澳車站往北步行約十五分鐘左右即可抵達，非常適合長焦段鏡頭拍攝長編組列車；此外，取景時盡量避免與列車橫向距離太近，造成構圖內車輛與景的比例失衡。

東澳至崇德間——車過東澳，車窗外景色逐漸有了人氣，東澳的下一站——南澳，是北迴線上居住人口較多的聚落，也是少數的純客運站。車站南方的大彎道攝影點，步行可達，人氣甚高，適合拍攝上行列車，並使用長焦段鏡頭來構圖。若是想拍出列車行駛直線段的大迫力，焦段

300mm以上即可滿足需求；想將列車與彎道一同收入構圖之中，使用300mm以下的變焦鏡即可。無論何種構圖，建議將背後的直線段與隧道口帶入，營造出畫面整體的延伸感。

崇德至花蓮間——到了路線南段，可供拍攝的條件大多以超長的直線段為主，少部分彎道為輔。首先在崇德站南方的直線段端點，即是此區間第一個推薦的拍攝地點，透過長焦段鏡頭的壓縮，加上後方的車站與中央山脈作為背景，密密麻麻的電車線門型架襯托下，迫力感滿點！此地還有一個極大的特色，將右上角蘇花公路的隧道口一併帶入構圖，當車輛從隧道鑽出，將呈現意想不到的效果。

第二個推薦的攝影點，位於新城站南方的守臣橋下，同樣也適合長焦段構圖，拍攝效果略與崇德南不同。此地背景一片翠綠，選擇顏色鮮豔的莒光號列車或普悠瑪號等列車，可使列車主體從畫面中跳脫。

第三個推薦的攝影點為秀林鄉公所平交道前，拍攝北上列車的效果甚佳，同樣也是使用長焦

↑ 迫力滿點的超廣角構圖，只在花蓮港線限定。

↑ 拍攝貨車時盡量將長大編組的優勢拍攝出來，可讓整體畫面有極大的迫力感！

↑ 拍攝客車主體時可盡量將周遭的景物色調帶入，使列車可以從整個構圖之中跳脫，突顯拍攝主題。

段為主。不過隨著不同類型的列車，構圖的選擇上也略有不同。若是打算拍攝客運列車，建議帶入週遭綠色景物；若是拍攝長編組的貨物列車，一定要嘗試將列車爬坡的直線段完全構入，表現貨物列車重拖奮力上爬的大迫力！

最後一個直線段的攝影點，為北埔站北方的進站號誌前，夏天下午拍攝最適合，若有幸遇到午後金黃光線，斜射照映在列車主體及後方的山脈背景，可呈現出多重層次的色彩效果。

相信各位讀者看下來，會覺得北迴線似乎沒有廣角大迫力可以取景，其實在北埔站分歧出往南的花蓮港線上，就有適合以廣角焦段拍攝的地點，從車站步行的距離都不算遠。構圖以長大列車編組為主體，搭配配景雄偉的中央山脈。

⬆ 北埔北攝影點為少數可以做直式迫力列車構圖的攝影點，透過長焦段壓縮的效果，中央山脈變得容易親近許多。

國境之南，依山傍海

南迴線全長九十八．二公里，西起枋寮、東至台東，沿線含招呼站共十二個客運車站，全線除中央隧道內鋪設雙線供列車交會，其餘均為單線。由於南迴線是橫斷多座山脈所修築的鐵路，隧道的密集程度可說是全台之最。當車過枋山之後，列車向東前進，進入群山之中，穿梭連續隧道，直到大武之後，窗外景色逐漸明亮，伴隨一片湛藍的太平洋海景。

南迴線與北迴線一樣為晚近新築的路線，因此路線的走向也以直線為主，就算有彎道路線，其半線曲率也較大，在構圖上使用長焦段較易將全列車編組納入。南迴線以中央隧道為界，大致分為兩大區塊，在取景上也各有不同特色。

台東至古莊間——列車從台東站出發後，一路向西前進，第一站來到了康樂，位於康樂站南的路線邊，即是一個適合以長焦段鏡頭構圖的攝影點，一年四季上午均以拍攝由西往東行駛的列車為順光，背景可帶出路線坡度略大的錯覺感；取景時若能掌握住列車主體的比例，可營造出不言而喻的強大迫力感。另外位於康樂站南的跨線橋上，是適合使用超廣角焦段構圖的攝影點，將背後的大片釋迦果園帶入，配上雄偉的山脈，是不同於南迴線典型海景構圖的攝影手法。

第二個攝影點位於太麻里站北，距離車站步行十分鐘左右之處。最適合取景的位置在太麻里北溪橋的橋頭，拍攝的方式是利用長焦段的鏡頭，壓縮路線彎道的前景，將列車主體放置於橋上，可營造出列車行駛於環山之中的氛圍。

古莊至枋寮間——此段區間內列車大多穿梭於隧道內，能夠拍攝的路線有限，多以列車出入隧道口為主。較常見使用長焦段鏡頭來取景的路段，大多在枋山至枋寮之間。枋山為列車南北轉東西向的分界點，又因為枋山＝內獅鐵路的路線高於公路許多，搭乘列車時向海側望去，一覽無遺的海岸風景盡收眼底，若是夏天傍晚搭乘向晚列車，運氣好還可以見到夕陽與列車一路相伴。

因這段區間的取景大多是居高臨下，適合使用長焦段鏡頭搭配無限海景來進行創作，建議在夏季的時段前往，可以獲得較乾淨清透的空氣品質來進行拍攝。冬季時霾害嚴重，加上氣候較不穩定，拍攝的條件較不若夏季良好。

不論北迴線或是南迴線，均有柳暗花明又一村的隧道景致，常常讓人意猶未盡，捨不得將視線離開窗邊，換個角度到車窗外進行拍攝，相信又是一種不同的體驗。

⬆ 車過知本，南迴線逐漸向海岸線靠攏，當然也可以利用超廣角鏡頭將海景與列車一同納入。

居高臨下的俯瞰，超廣角鏡頭的取景別有一番視野。

南迴線西段的名景之一，此點拍攝時列車大多作為點綴，主要是以景帶車的拍攝手法。

南迴線上的標準構圖之一，使用長焦段鏡頭拍攝列車衝出隧道口瞬間的迫力感！

屏東・南迴線與大武地壘

文／攝影　古庭維

日暮之際在屏東線「崁頂大草原」所見的大武山。 攝影／呂孟原

山稜天際線全程相伴

玉山、雪山、秀姑巒山、南湖大山與北大武山並稱為「台灣五嶽」。相較於位處層層山脈之後，不入深山則難以窺得全貌的其他四嶽，位居中央山脈南段的大武山，雄偉形式非常外顯，可說是曾文溪以南最容易辨識的高山。拔地而起的山脈又稱為大武地壘，主要的山峰包括井步山（二、〇六六公尺）、霧頭山（二、七三六公尺）、北大武山（三、〇九二公尺）、南大武山（二、八四一公尺）、衣丁山（二、〇六八公尺），恰好坐落在屏東平原東側中間地帶，猶如守護神，被視為屏東的母親山；北大武山是全台灣最南邊的百岳，而井步山在日本時代則有屏東富士的稱號。搭乘台鐵屏東線，全程皆有機會見到大武地壘，一路伴隨列車前進。值得一提的是，在南迴線的太麻里溪橋，是少數從東邊看見大武山的機會。

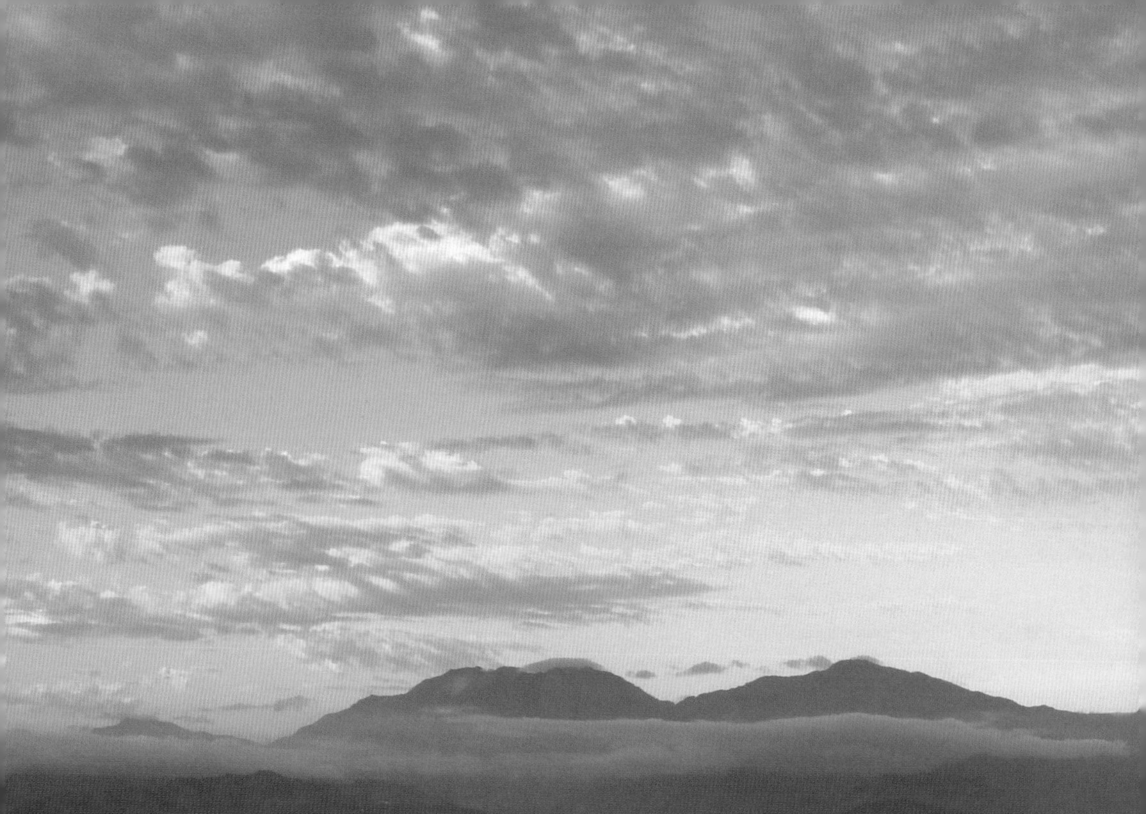

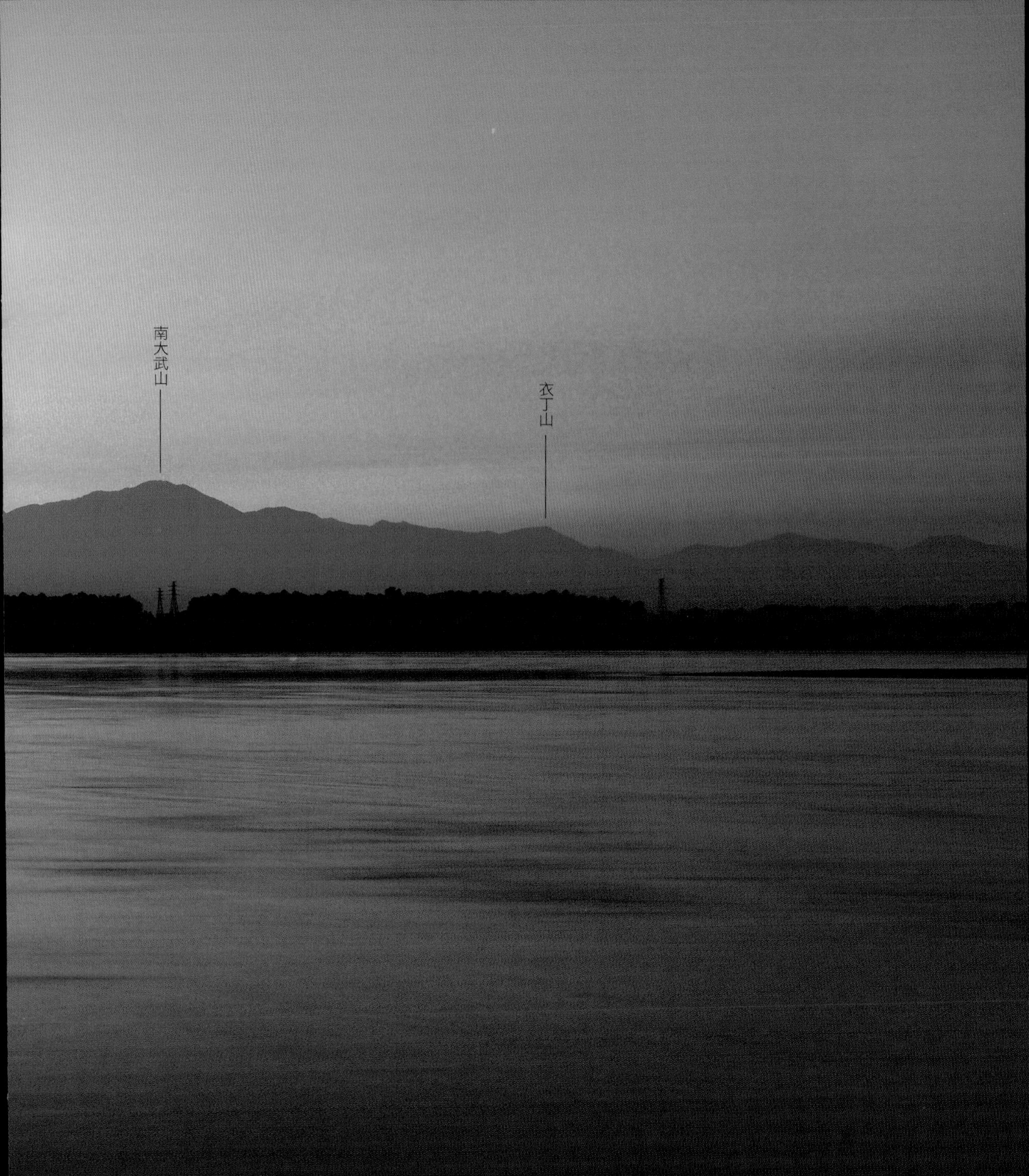

⬆ 北大武山海拔 3092 公尺，山頂設有一等三角點。

⬆ 海拔 2940 公尺稜線上的大武山祠。

⬆ 莒光號即將進入屏東站，背景是高大的大武山。 攝影／呂孟原

井步山
霧頭山
北大武山

鐵道沿線，歷史名場景

太魯閣峽口

文／攝影 古庭維

至二〇一五年為止，台灣已經有九座正式成立的國家公園，其中僅有一座有鐵道經過，就是位在花蓮的太魯閣國家公園，在北迴線和仁到崇德兩站之間，路線通過國家公園的範圍內。

世界知名的太魯閣峽谷，是由立霧溪所鑿穿，即使峽谷陡峭且高聳，卻是太魯閣族最活躍的地區。一九一〇年開始，台灣總督佐久間左馬太推行的「五年理蕃事業」，計畫對未歸順的部落進行武力鎮壓。一九一四年，總督府開始全面「討伐」太魯閣，從五月一直進行至八月，史稱太魯閣戰爭，這場戰役確立了台灣全島的「統一」，是極有意義的歷史結點。由於戰爭的關係，總督府修築許多軍運小徑，牧水山上還設置馬場，到了一九一五年四月，太魯閣峽口到塔比多（天祥）的道路完工，成為日後合歡越嶺道的前身。

一九二七年，台灣日日新報

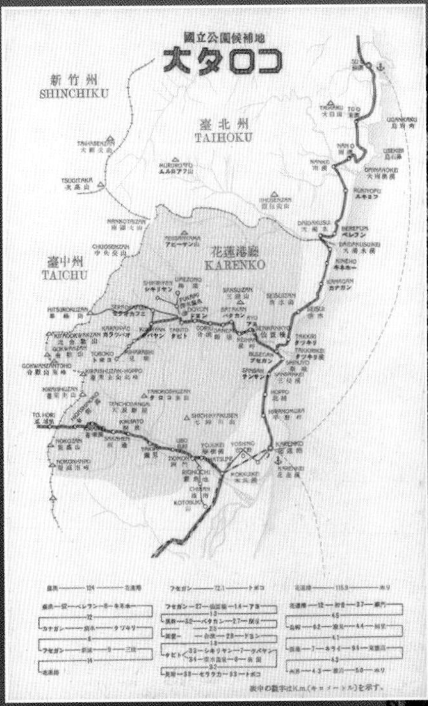

「大太魯閣」入選國家公園預定地時的明信片。

太魯閣口中橫公路牌樓。

1935 年左右的太魯閣口。

舉辦「台灣八景十二勝」票選，活動盛極一時，成為全民活動，最後太魯閣峽谷以第二高票入選。不久後臨海自動車道（蘇花公路）通車，合歡越嶺道也全線完工，一九三五年太魯閣成為國立公園預定地。由於遊客日益增加，太魯閣口到仙寰峽（今長春橋）的自動車道也在同一年完工。當時劃定的公園範圍，還囊括今日雪霸國家公園大部分區域，稱為「次高・タロコ國立公園」，之後於一九三七年十二月廿七日正式成立。

由於太平洋戰爭爆發，自動車道後來僅延伸至合流而已。戰後的一九五〇年代，國民政府以原有通車的路段，加上合歡越嶺道的基礎，建造中部橫貫公路，並在太魯閣口立起入口牌樓，流傳至今日成為著名地標；早已成立的太魯閣國家公園，戰後無以為繼，直到一九八六年才「再次」設立。當我們搭乘北迴線列車，通過長長的立霧溪橋時，這些殘酷的戰爭過往，越嶺道及橫貫公路開發的歷程，都讓這個峽谷口壯麗的山景，承載厚重的歷史情懷。

牧水山跑馬場遺址。

1914 年太魯閣戰爭結束，日人在牧水山設立忠魂碑。

合歡越嶺道途中的ロオン（魯翁）橋。

⬇ 錐麓斷崖下的中橫公路。

⬆ 開鑿通過錐麓斷崖的合歡越嶺道。

鐵道遺跡

文／攝影 鄧志忠

記憶中的鐵道

北迴單線記憶

台灣自民國五十年代起開始推動十大建設，其中和鐵路相關的重大工程就有兩項，包括西部幹線鐵路電氣化與北迴線鐵路建設，奠定了經濟工業繁榮的基礎。歷經幾十年的發展與變化，北迴鐵路已經電氣化、雙軌化，許多鐵道路段也已改了線，與舊時不可同日而語。

北迴線鐵路是台灣東部發展的重要推手，路線北起於當時的南聖湖(今蘇澳新站)，南至花東線的田埔站，全長僅僅八十二公里。一九七三年十二月二十五日開工，直到一九八〇年才正式通車，是十大建設中工程最鉅、耗時最久的大工程。通車後不但方便了往返花東的旅客，將台北—花蓮間的旅行時間縮短到三至四小時，也讓台灣的環島鐵路網逐漸形成。

數十年來，隨著北迴線鐵路的客貨運量急速增加，使這段鐵路往往一票難求，原本單線設計的路線運輸量也趨近飽和，因此在一九九一年奉行政院核定「東部鐵路改善計畫」，包含宜蘭線、北迴線及花東線全長三百三十七公里的鐵路，朝雙軌化與電氣化邁進，紓解宜蘭線與北迴鐵路運輸擁擠，再繼而改善花東鐵路路線結構。二〇〇三年宜蘭線鐵路電氣化完工之後，便開始了北迴線鐵路的改善工程。

北迴單線時代

過去北迴線在南聖湖站(蘇澳新站)至崇德之間約六十公里長的路線裡，共有十六座隧道，合計長度達三十一公里，佔該段長度百分之五十一點八。坐在柴油機車牽引的客車上，除了驚呼車窗外美麗的太平洋與高山風光外，最令人印象深刻的就是一個接一個的長隧道。其中最長的觀音隧道，全長約七．七五公里，在南迴線中央隧道貫通前，曾經榮登全台灣最長的隧道寶座，而且一坐就是好幾十年。

不同於台鐵其他路段，單線時期的北迴線擁有風格統一的單線混泥土隧道與上承式預力混泥土樑橋，列車行經時沒有傳統鋼樑橋的轟隆聲，列車彷彿突然騰空而起，跨越溪流河谷，堪稱一絕。

雙軌化之前的北迴線，行駛的列車主要是柴聯自強號、柴電牽引的莒光與普通客運列車，笛賽爾引擎的怒吼聲每每迴盪在峽谷中，不絕於耳！時刻表中班次稀少的普通客車，則是北迴線上水泥廠員工早晚的通勤列車，想要搭乘北迴線的普通車，得費點心思規劃才能如願。

一般旅客不太會留意的北迴線小站，在單線時代是列車交會與待避的行車管制點。在當時最長觀音隧道的中間，還設了一處「觀音號誌站」，讓列車在此交會。記得有次搭乘可開窗的藍色普通車，在觀音號誌站內交會南下的莒光號列車，客車車廂內的日光燈逐漸昏暗，原來是兩列車的柴油引擎(兩班車的柴電機車及莒光號電源車)所排出廢氣的充斥了整個車廂，令人幾近無法呼吸，直到列車再度啟動，空氣才漸次恢復清新，大口吞吐呼氣彷彿經過生死一瞬，教人永生難忘。這樣的列車場景，每天幾乎都在單線時代的北迴線上演出，這也難怪車廂內的「熟客」總會為自己準備一副口罩！

北迴鐵路通車起點「南聖湖站」，後改為「蘇澳新站」，隨著北迴線雙軌化及電氣化通車啟用，照片中的舊「蘇澳新站」隨之走入歷史。

沒有電車線與電桿的北迴線，天際線和太平洋合而為一；搭乘可開窗的藍色普通車可以探頭欣賞著名景點清水斷崖。

北迴線上許多車站如永春站、東澳站、新城站等都有側線通往水泥工廠，當貨車牽引到站時，各式私家調車機紛紛出動到站內運轉。

單線的武塔二號隧道舊貌，自北迴線改線後封閉廢棄。

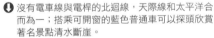

↑↙↘ 舊北迴線時期的鐵路橋樑都採用上承預力樑，雙軌化工程後許多橋梁廢棄停用，如跨越南澳南溪的單線橋、南澳北溪橋、東澳北溪橋。

北迴鐵路雙軌、電氣化

為了改善北迴線單線鐵路的運輸效能而實施雙軌化與電氣化工程，其中花蓮至漢本段，於二〇〇一年完成新線擴建通車營運，北迴線雙軌及羅東至花蓮段新線電氣化也於二〇〇三年全部完工，並且舉行盛大的通車典禮。不過，電氣化的北迴線風風光光通車後，和台鐵其他許多的路線一樣，因改線而留下不少廢線鐵路。

為什麼北迴線的雙軌工程，不直接在原來的單線路段旁鋪設一條新的路線，反而要大費周章地重新選線與改線呢？從北迴鐵路相關工程資料中得知，原來這些改線路段，地質及地形條件不利隧道工程，如舊北迴觀音、鼓音及谷風隧道，因鄰近海岸線，還有海岸沖蝕、岩體剝離、偏壓等潛在疑慮，不僅施工風險極高，完工後也可能隧道變形、偏移，影響行車安全，評估後決定重新改線。和舊觀音隧道同樣位於宜蘭縣南澳鄉武塔與漢本之間的新觀音隧道，總長一・〇三公里，於一九九六年開工，直至

⇧早期新城車站旅客並不多，現在多了個名字—「太魯閣」站，在這一站上下車的旅客也變多了。

⇧北迴線是柴油自強號與莒光號的天下，難得出現的復興號編組，通常是少有的加班列車或特別運行列車。

⇩以柴油機車為主力的北迴舊線，常常可以看見更換機車頭的場景。

二〇〇一年才完工貫通。改線後的北迴新線再度搶回台灣最長的鐵路隧道寶座。由於雙線化後的北迴線鐵路，向內陸挪移，也使沿線許多火車站站場得更新重建，讓新北迴線有著不同的車站風光，武塔、漢本及和仁站即是此代表。

不同於其他鐵路改線後，路線廢棄不用的情形，近來爭議不斷的「蘇花改」工程則利用這些廢棄的北迴舊線當作施工導坑，與既有的橫坑系統作為通風管道，除了可減少新闢豎井工程，避免施工過程中對環境造成過多的破壞，也讓北迴鐵路舊線在「蘇花改」的施工中及完工後，都能夠讓舊有隧道作為防災及逃生避難使用，間接延續了這些鐵路舊線的價值。

雖然雙軌化、電氣化的新北迴線早已不同於往昔舊貌，呼嘯而過的列車更容易讓旅客忽略了北迴鐵路的美，但這條通往台灣東部後山的捷徑，沿著太平洋，在高聳的山巒下潛行，秀麗變幻萬千的車窗風景，令人嘆為觀止山海景色，還是值得旅客搭乘一趟區間車慢慢地欣賞。

紀念戳章物語

文／圖 片倉佳史

日本時代・屏東線

車站戳章的世界

文章翻譯 徐昉驊

藉由日本時代置於各個車站的紀念戳章，也能讓您享受一場紙上的旅行。紀念戳章上不僅巧妙地描繪出當地的風土特色，題材也十分豐富。本次向各位介紹的印章出自屏東線（潮州線）的車站。此外，本稿中所刊載的紀念章皆是自拙作《台湾風景印——台湾・駅スタンプと風景印の旅》（玉山社）及《古写真が語る 台湾 日本統治時代の五十年》（日本・祥伝社）中節錄出來的。

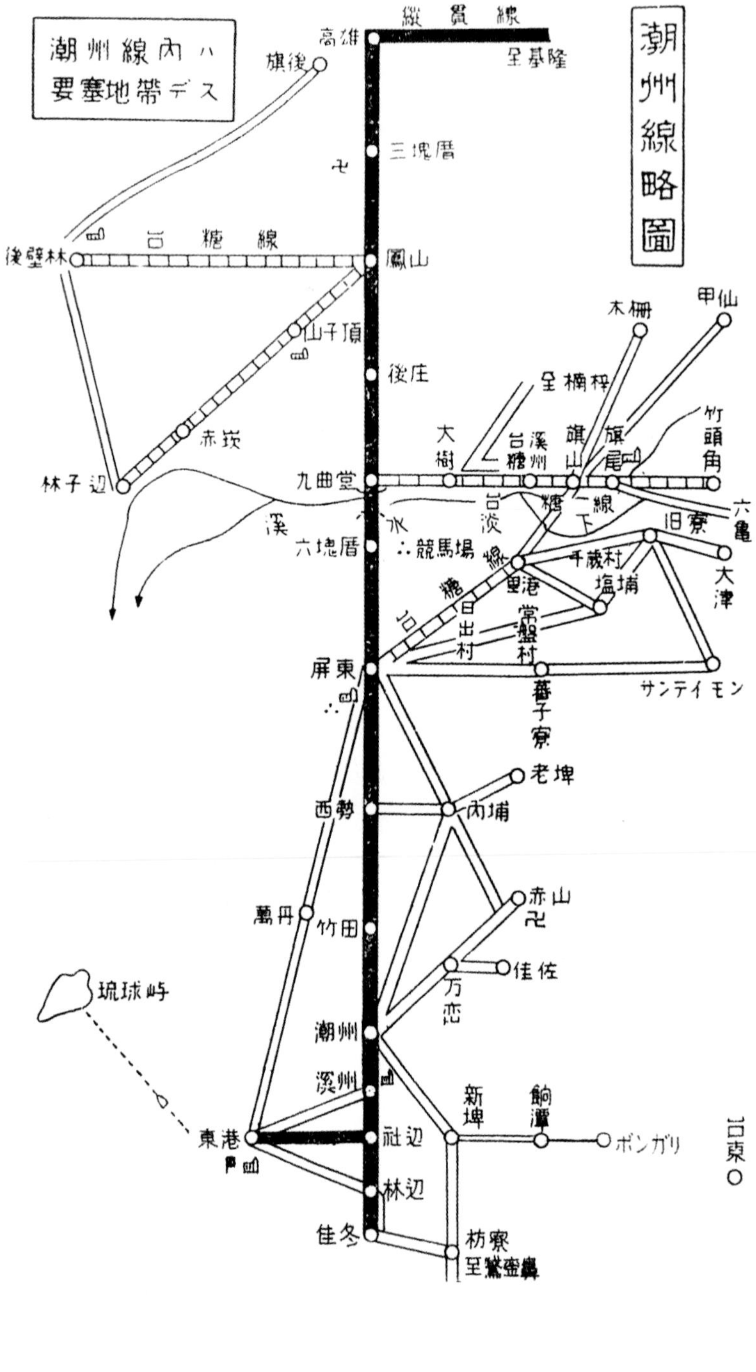

鳳山驛

鳳山
ほうざん

鳳山為鄰接高雄的都市，以生產鳳梨聞名，附近地區一整片延綿的鳳梨田也造就了這裡以遼闊知名的景色。挾著舊名下淡水溪的高屏溪，現在的鳳山與隔岸的屏東平原相同，已是足以代表南台灣的一大農業地帶，盛產如木瓜、棗子及香蕉等作物。

清朝統治時期，在此地修築了名為曹公圳的灌溉系統。雖然只是利用地形的高低差建成的簡易設施，仍被視為是台灣最古老的灌溉水利工程。當時擔任知縣的曹謹功不可沒，除了第四代台灣總督兒玉源太郎曾來此視察過水路，在祭祀曹謹的曹公廟內至今也留有第五代台灣總督佐久間左馬太親贈的匾額。

鳳山車站於一九〇七年（明治四十年）十月一日開通，設於舊稱打狗的高雄（現高雄港・打狗鐵道故事館）至九曲堂間的路段。由於同時也是通往台灣製糖株式會社後壁林工場及新興製糖株式會社工場的輕便鐵道之接駁站，因此從早到晚都因貨物的裝卸作業而熱鬧不已。

戳章的設計給人明快的印象。使用這裡的特產鳳梨作為圖案，站名與日期則是刻在鳳梨的葉子部分，非常具有巧思。

曹公圳 曹謹透過民間募資於 1838 年引水開渠。人們為了彰顯其功績興建了曹公祠，並於 1898 年（明治 31 年）由兒玉總督下令執行改建與擴築。

鳳梨的集貨風景。

65 Pineapple (臺灣果物) 鳳 梨
渺茫數里の沃野に斯くして培はれる實に見事な光景で
はありませんか

一望無際的鳳梨田。當時比起「鳳梨」，更常以台語的「鳳梨（旺來）」來稱呼。

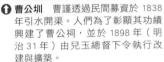

鐵橋總長度 1526 公尺，耗資高達 130 萬日圓。在台灣過去曾經還有大甲溪橋（382 公尺）鐵橋、大安溪橋（637 公尺）、濁水溪橋（1150 公尺）等大型鐵橋。

竣工時，遂有東洋第一大橋之稱的下淡水溪鐵橋 24 孔的桁架橋已被認定為產業遺產保存，沿岸河床則變成了公園。冨永勝氏提供。

滿載著甘蔗的製糖鐵路。圖中為從旗尾開往九曲堂的列車。

九曲堂
きゅうきょくどう

九曲堂為位於下淡水溪（今高屏溪）西岸的都市。雖然城市規模不大，以此站為起點經由台灣製糖株式會社旗尾線，途中行經溪埔、旗山，即可抵達製糖工廠所在地旗尾，並一路延伸至美濃的竹頭角。

下淡水溪乃是流經台灣南部的一條大河，主流河長一七一公里。發源自新高山，為流域面積位居全台第一的河川。於一九一三年（大正二年）鐵路橋興建完工，自此屏東平原的農產品得以運輸至高雄。特別是鳳梨罐頭的產銷有了飛躍性的成長，在鳳山也曾設置了鳳梨的加工廠。

九曲堂雖然並無製糖工廠，但從旗山（旗尾）等周邊地區運來的粗糖皆會集中於此，車站也因而繁榮。此外，旗山的砂糖品質頗高，甚至曾用於進獻給日本皇室。

車站開通於一九〇七年（明治四十年）十月一日，在下淡水溪鐵橋完工前為屏東線的終點站。至屏東之間的鐵路則於一九一三年（大正二年）十二月二〇日通車。

戳章與鳳山車站相同，中央畫有大大的鳳梨。下方則有從屏東線鐵路分歧出製糖鐵路的圖示。相較於主線的潮州線，製糖鐵路改以較細的線條描繪。此外也畫出了下淡水溪鐵橋。

近衛師團上陸地之碑。

屏東
へいとう

屏東地處肥沃原野的中心，曾被譽為「大日本帝國最南端的要衝」，同時也是通往東港、阿里港、潮州、枋寮等地的交通樞紐。尤其在鐵路開通之後與高雄互通有無，讓此地更是日益興盛、產業蓬勃發展。

這一帶原本是平埔族「馬卡道族」的故地，古名為阿緱。於一九二〇年（大正九年）的地名改正時更名屏東，有一說是位於高雄北側的「半屏山之東」的意思。據傳約於一六八四年漢人開始移居至此，當時這裡還是一片森林地帶。

市區的南側曾設有台灣製糖株式會社的工廠，附近一帶所見之處盡是一整片遼闊的甘蔗田，而農場跟工廠之間則是以鐵路相連。除了甘蔗以外，這裡也以生產稻米、香蕉、木瓜及鳳梨等作物聞名。

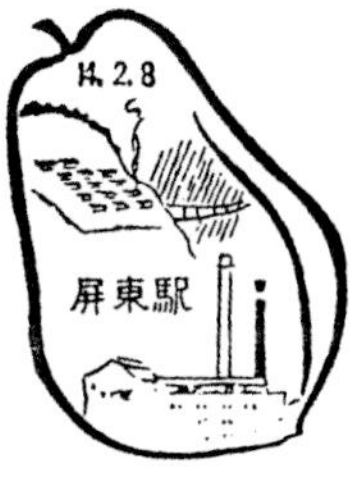

車站於一九一三年（大正二年）十二月二〇日開通。戳章上除了描繪出寬廣的甘蔗田以及製糖工場，前方還有結出果實的木瓜樹。日治時期，木瓜會以台語的發音「Mokka」來稱呼。圖案中的天空則繪有飛行第八聯隊的飛機。此外，當時號稱日本最長的下淡水溪鐵橋也有登場。

昭和十年發行的戳章雖為圓形，但值得注意的是外圍有如王冠一般的設計。這種凹凸造型便是象徵著下淡水溪鐵橋。中間繪製的圖案不外乎飛機以及製糖工場，也能看到木瓜樹。

從昭和十四年的戳章可以看到圖案有了巨大的變化。直接將木瓜作為外框，站名改放在靠近中間的位置。文字下方是台灣製糖株式會社的工場，上方則繪有排灣族與魯凱族的聚落以及吊橋。

⬆ 台灣製糖株式會社阿緱製糖所於 1909 年（明治 42 年）開業。

⬇ 飛行第八聯隊。屏東作為通往南方天空的門戶逐漸發展。

⬆ 屏東車站　開通時的站名為「阿緱」，於 1920 年（大正 9 年）10 月 1 日的地名改正與都市名一同更名為屏東車站。

⬅ 屏東公園為台灣首屈一指的都市公園。於 1902 年（明治 35 年）3 月開放，大正 4 年完工。園內設有神社，現今仍有神橋等設施留存。

➡ 設置於園內的蕃屋。將排灣族的傳統住宅移設而成，也是族人們拜訪屏東時寄宿的場所。造訪屏東的權貴們都一定會來此拍攝紀念照。

潮州庄役場 1920 年（大正 9 年）竣工。而後改作為街役場使用。現在則是郵局。昭和 17 年度末，潮州街的人口為 1 萬 8152 名。

潮州 ちょうしゅう

潮州為一商業都市，也是附近地帶的中樞。這裡有開往東港、枋寮及萬巒的巴士，也是一處轉運站。從此地至萬巒一帶由於灌溉系統發達，成為遠近馳名的稻米生產地。這裡產的米被稱為「潮州米」，以其優良的品質廣為人知。車站開通於一九二〇年（大正九年）二月二十二日。

戳章主要以地圖為意象，繪出了位於台灣島嶼南端的恆春地方。潮州雖然不是終點站，但由於前往恆春的旅客都會在這裡轉搭巴士，使潮州也成為通往恆春及鵝鑾鼻的門戶。溫泉的標誌代表四重溪溫泉，燈塔的標誌則是代表鵝鑾鼻燈塔。

昭和十四年的戳章風格非常與眾不同。前方描繪出恆春街道上美麗的木麻黃綠色隧道，左上角以溫泉標誌代表四重溪溫泉。圖案後方可以看見鵝鑾鼻燈塔，作為外框的弧形物其實是鵝鑾鼻神社的鳥居。將由捕鯨業者進獻的鯨魚顎骨直接當成鳥居使用，也是象徵著台灣最南端神社的代表性物品。

小琉球的風景。花瓶岩至今依然保持著和昔日相同的姿態。

日治時期潮州的住宅風景。

屏東平原上遍佈著許多甘蔗農場，鐵軌宛如織網般密集地鋪設。東港製糖所在戰後更名為台灣糖業公司南州糖廠，已於 2003 年 7 月 1 日關閉。

溪州
けいしゅう

溪州位於屏東平原的中部，乍看之下就好似工廠蓋在大片的甘蔗田之中。原本這裡並無類似村落的地方，直到一九二一年（大正十年）台灣製糖株式會社在此開設了糖廠，當地才開始有所發展。附近地區鋪設的製糖鐵路如網狀般密集。此外不只甘蔗，這一帶也非常盛行栽種香蕉。

車站於一九二三年（大正十二年）十月十一日開通。這一天，由潮州至此的區間也同時開放通車。而後好一段時間溪州一直都是屏東線的終點站，一直到大約二十年後的一九四一年（昭和十六年）十二月，才開通了延伸至枋寮的鐵路。

戳章則是一隻大蝦的圖案。此處距離以南台灣最大的漁港而繁榮的東港很近，因此戳章圖案特別強調大海與蝦子的存在感。繪於後方海面上的則是琉球嶼。

從潮州通往恆春的道路稱為恆春街道。用於防止暴風雨的木麻黃樹種植在道路兩側，不斷向前延伸。恆春的末端就是台灣的最南端・鵝鑾鼻。

由車站看出去肉眼可見之處就有製糖工場，因此有時也能看到列車與行走於製糖鐵路上的小型火車並肩而行。

以南台灣最大的溫泉鄉而聞名的四重溪溫泉。

枋寮附近牽罟的光景。 冨永勝氏提供。

鵝鑾鼻神社內以捕鯨業者進獻的鯨魚顎骨做成的鳥居令人印象深刻。

鵝鑾鼻燈塔。此為日治時期的風景明信片。三田裕次氏提供。

名片式車票

文／圖 蘇棨豪

國境之南的藍色禮讚——
加祿站名片式車票

在售票電腦化後數年，加祿已成為屏東、南迴全線中僅存維持名片式車票販售之車站，除發售本站之車票，二〇〇一年起因接管降為簡易站之枋山站而同時販售枋山站之車票，直到二〇〇六年底枋山再降為招呼站為止。即使營運前曾規劃停靠莒光復興，加祿開業至售票電腦化前僅停靠普通車，因此站內可見存票清一色是普快車票，除了到屏東、南迴線車站之外，還跨足東西幹線數個主要車站，或許和開業前之旅次估計有關。其中，加祿到蘇澳的車票橫跨了南迴、台東、北迴、宜蘭四線，是目前單張跨越最多路線的名片式車票；加祿至台北則榮登目前區間最長的名片式車票。此外加祿也是目前全台唯一還可購得單程三日有效票的車站，二日有效票的款式也不少。在長程普快悉數凋零後，這些長途票可說是那個年代所留下的最後一點餘韻。

加祿站現存的名片式車票大多是開業時請領，因使用量極低而留存至今，後來因站名有「加冠晉祿」之意而在二〇〇一年搭上吉祥票風潮，使得鎮安、東海、金崙、康樂等到站站名同樣具吉祥意義之車票銷售量大增，站方甚至另請領到歸來以及多良等站的車票，「加祿東海」這款票至今更已熱賣上萬張，可說是加祿站的「奇蹟」，也成為本站主要的「客運」收入來源。許多旅客拜訪加祿站購買名片式車票，但鮮少購票搭乘火車至此，造成本站在運量計算中屢屢出現進站人數遠高於出站人數的奇特現象；此外因其售票電腦長期乏人問津，在二〇一〇年底全台售票電腦更新時直接撤除，僅販售名片式車票，成為全台唯一歷經售票電腦化卻又「返璞歸真」到電腦化前狀態的車站，十分特別。

綜觀全台，加祿站是今日少數還有普通車可搭乘的車站。買一張淺藍色的名片式車票，踏上深藍色車廂，在普通車奔馳於台灣鐵路的尾聲中，好好享受最後的舊時代旅行吧！

➡ 買張名片式車票，搭上僅存的普通車班次，享受最後的舊時代旅行。

⬇ 目前屏東、南迴線中唯一維持名片式車票販賣的加祿站。

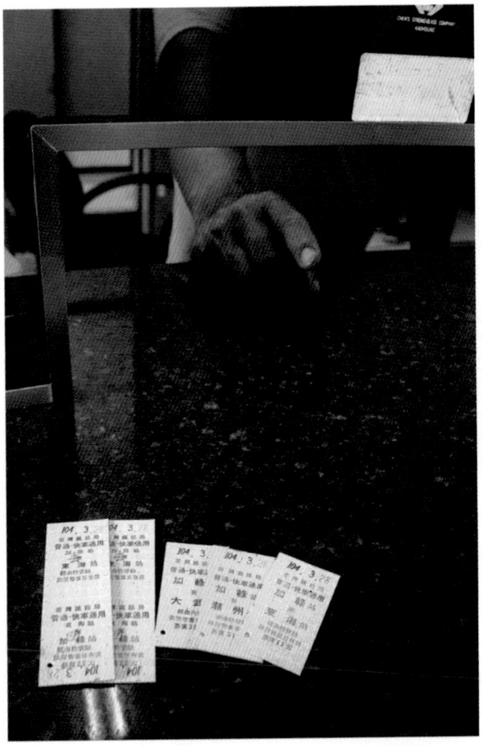

歷經電腦化又撤除售票電腦，留下名片式車票販售的窗口。

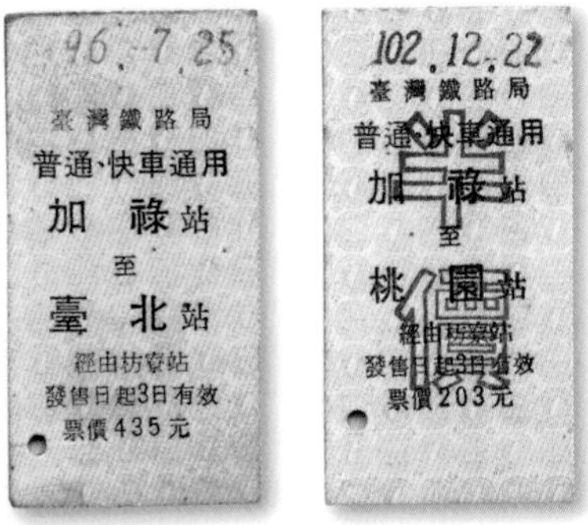

目前僅見於加祿的單程3日票，加祿台北為現今可購得最長區間之名片式車票。

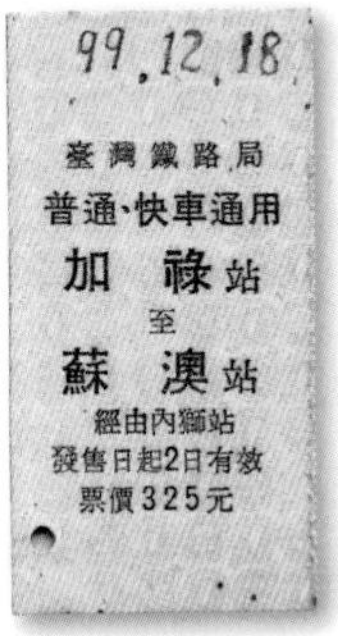

橫跨南迴、台東、北迴、宜蘭四線的加祿至蘇澳普快車票。

單程2日票，至東、西幹線數個主要車站皆有請領。

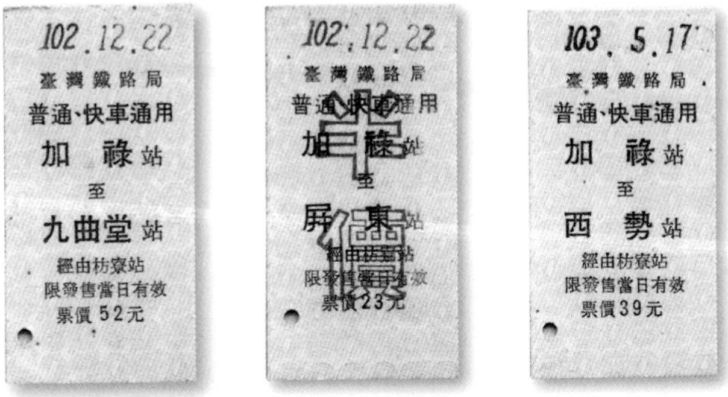

至屏東線各站的普快。

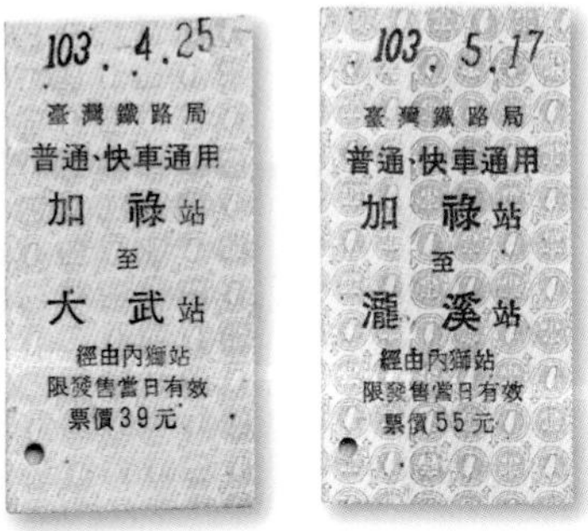

往南迴線各站之普快。

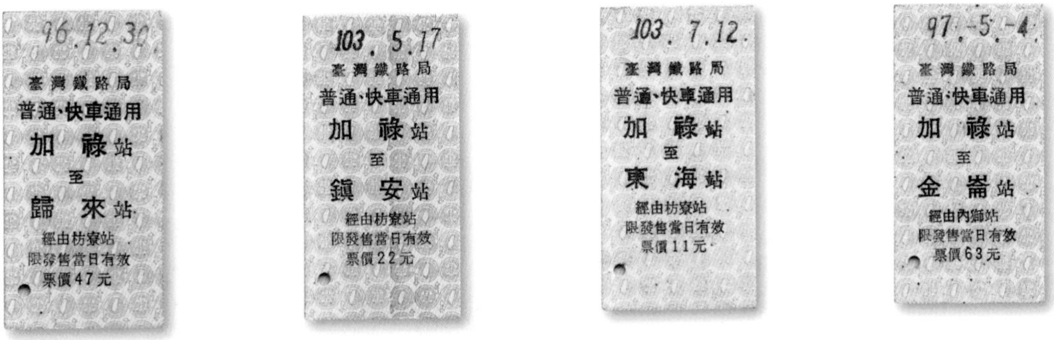

因吉祥票風潮而熱賣的數款車票。

鐵道難所

文／圖 古庭維

下淡水溪橋

一九四一年全線通車的屏東線，其實是耗費超過三十年時間，才分段完成通車。會有如此波折的經歷，一方面是愈往南部需求愈低，加上這段鐵道必須穿越高屏溪、隘寮溪、東港溪與林邊溪等大型河川，工程經費高昂。跨過今名高屏溪的「下淡水溪橋」長度最長，難度也最高，是南台灣土木建設的歷史里程碑。

↑ 製糖公司興建的下淡水溪木橋。

↓ 號稱東洋第一長橋的下淡水溪鐵橋。

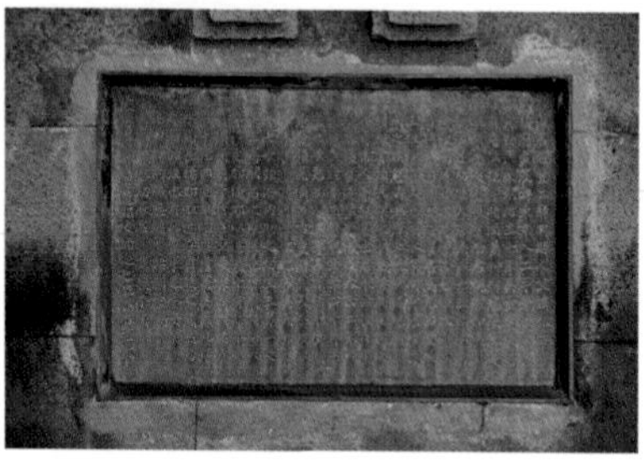

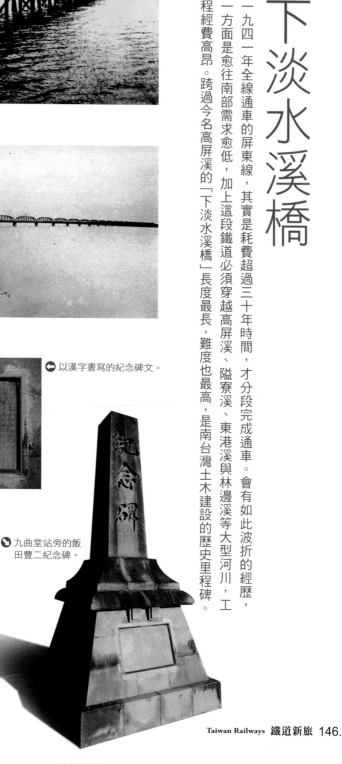

← 以漢字書寫的紀念碑文。

↘ 九曲堂站旁的飯田豐二紀念碑。

高屏溪是台灣第二大河川，上游楠梓仙溪與荖濃溪，皆發源於玉山，距離長、支流多，成為全台灣流域面積最廣的河川，豪雨過後水量尤其驚人。高屏溪舊稱為下淡水溪，與流經台北的淡水河完全無關。這個名稱，是來自今日萬丹境內的平埔族「下淡水社」，由於清代官道在下淡水設立渡口，使得「下淡水溪」成為這條河川最廣為流通的名稱。

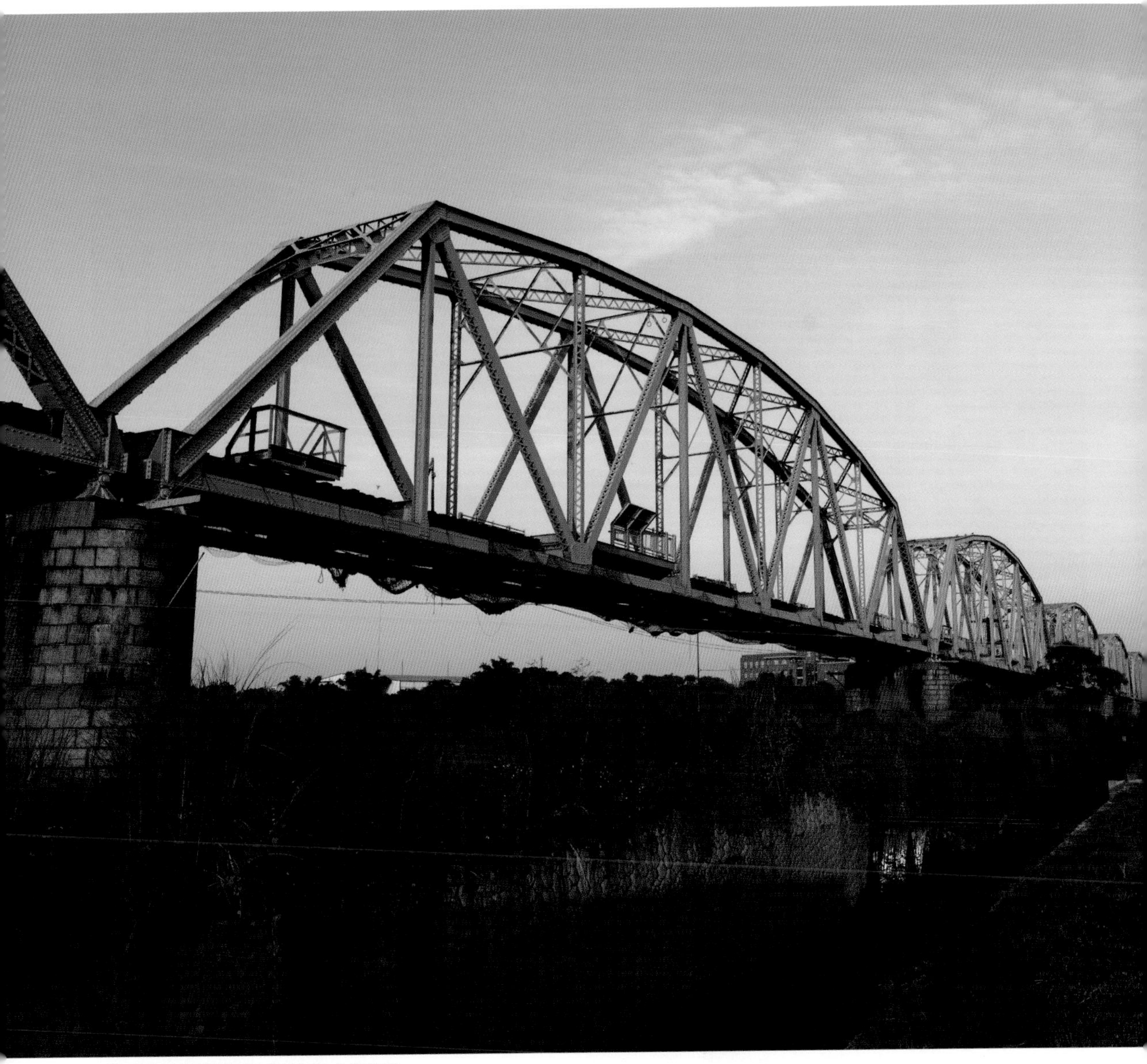

高雄端的舊橋下目前是溼地生態公園。

早在一九〇七年，也就是縱貫線全通的前一年，屏東線鐵道的第一段，由打狗至鳳山就已經通車，當時稱為鳳山支線，翌年再延長至九曲堂，來到了下淡水溪的岸邊。但由於河床寬大，流心不定，兩岸地質條件差異大，又只能趁乾季時趕工。面對高昂的預算，鐵路工程就此暫緩。

鐵道部下淡水溪橋通車無期，製糖會社只好先在九曲堂建造木製的臨時橋，以五分車運送貨品，並在九曲堂車站轉運至官營鐵道，再運送到打狗港。台灣製糖株式會社在一九〇九年設立阿緱製糖所，是一座日壓搾量達到三千六百噸的大型糖廠，開啟屏東的製糖新紀元。如此大規模的生產線，造就密集的原料路網，當然也亟需將產品輸出的交通線，因此就以五分子車運送，經由臨時橋，到九曲堂車站轉運至官營鐵道，再運送到打狗港。

臨時橋每逢雨季就中斷，一再花費資金重建臨時橋非長久之計。一九一一年，鐵道部鳳山支線延伸阿緱的工程終於展開，總經費達二三〇萬圓，超過一半用在下淡水溪鐵橋的建設。

⬇ 整修後的舊鐵橋鋪上人行步道。

⬆ 屏東端遺留的 11 座桁架。

屏東端橋頭所陳列的舊車廂。

原本掉落河中的完整桁架立起成為步道。

遭沖毀的桁架打撈後重新組合造景。

一九一三年七月的豪雨造成災害，加上瘧疾疫情，工程進度大受影響。負責這項工程的飯田豐二技師也因染病，還來不及看到鐵橋完成，就病逝於台南病院，得年四十歲。同年十二月廿日，擁有有廿四座下承式桁架，總長達一、五二六公尺的下淡水溪橋竣工通車，當時號稱為東洋第一大橋，隔年二月舉行通車典禮，由當時的第五任台灣總督佐久間左馬太主持儀式。而為了紀念飯田技師，由同為著名鐵道工程技師的好友小山三郎集資，在九曲堂車站旁立碑紀念。

　這座長期以來如同屏東玄關的大橋，由於僅有單線，一九八七年被新建的混凝土大橋取代。雖然老鐵橋在一九六四年曾經進行鋼樑抽換，僅有橋墩具百年歷史，但不減其壯觀風采及歷史意義，在地方人士爭取下列為國定古蹟。可惜的是，高屏溪盜採砂石嚴重，加上位在上游的新橋影響水流，進入廿一世紀後多次的水災，總共造成三次的嚴重災情，如今已有六組桁架遭沖毀，掉落的桁架則部份保存於河畔的公園。

鐵道問答集

5.09公里(KM)　4.55公里(KM)

文／圖　台大火車社

北迴線與屏東・南迴線

Q&A

Q1 什麼是鐵公路聯運票？要如何購買及使用？有何優缺點？

A 鐵公路聯運票，顧名思義是一種可以搭乘客運及鐵路之套票，於二〇一一年六月三十日開始正式發售，區間僅限於台北經客運到羅東，及羅東經鐵路至花蓮，這樣設計的主要目的是，雪山隧道打通之後，國道五號使得台北至羅東行車時間大幅縮短，在一般不塞車的情況下僅需一小時的時間，相較之下鐵路繞行基隆河谷及海岸線，即便是最快的普悠瑪傾斜式列車，也必須花上一小時十三分才能從台北到羅東，而非傾斜式自強號行駛時間更是多出約三〇分鐘，同時客運的票價僅一二〇元，班次又比票價為兩倍的自強號多出許多，因此衍生出這種「台北到羅東搭客運，羅東到花蓮搭火車」的聯運票，希望能帶給民眾更大的方便。

如果是從台北前往花蓮欲購買鐵公路聯運票的旅客，只能在搭乘客運公司之發車站購買聯運票，如：首都客運在市政府購買，葛瑪蘭客運在台北轉運站購買，國光客運在圓山轉運站購買，大都會客運在新店站購買。從花蓮往台北則只能在台鐵車站購買，發售站有：新城、北埔、花蓮、吉安、志學共五站。聯運票票價為二〇九元至二二二元，依各間客運公司而有所不同。由於聯運票羅東至花蓮為區間車票價，因此若欲搭乘對號列車，需至台鐵窗口進行加價購買對號列車車票的動作，同時可以畫位，或是直接上車找列車長補足差價，如：羅東至花蓮若乘坐自強號則必須補七三元。同時須注意普悠瑪及太魯閣列車無法無座搭乘。

鐵公路聯運票最大的優點是，不但票價便宜，且班次銜接好的話，台北往返花蓮所花費的時間與自強號幾乎相同。然而最大的缺點是，必須同時查詢客運和鐵路的時刻表以安排轉乘，否則可能會花很久的時間在羅東站等車，以現行班表舉例：若旅客於八點二十分抵達羅東站，第一班往花蓮的車為不能發售無座票的普悠瑪號，臨時在櫃檯加價購買到車票的機率很低，再下一班就是九點三三分往花蓮的推拉式自強號，如此一來轉乘時間就超過一小時，顯得相當浪費時間。因此若要購買聯運票前往花東地區，得花點功夫在安排轉乘班次上，以避免等車過久的情形發生。

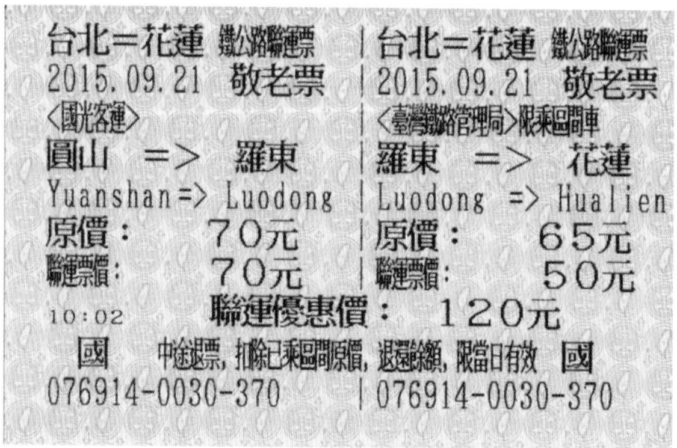

票面上一欄為客運票，另一欄為火車票。

↑東澳海灘一景，有著七星潭所沒有的恬靜。

Q2 北迴線一票難求，要怎樣才比較容易訂到台北到花蓮的火車票呢？

A 因國人周休二日的旅遊模式，一般來說周五晚上及周六早上從台北往花蓮是最大的尖峰時間，同理周日中午過後一直到晚上花蓮回台北也是尖峰時間，若一開始訂票能避開這些時段及連續假期，成功機率自然會提高。

此外，一樣從台北到花蓮也有不同起點或終點的車，如果是彰化開往花蓮，或是樹林開往台東的車，在配票上台北到花蓮分到的票就會較少，因此在策略上選擇起點為樹林，終點為花蓮的車較為理想。其中非傾斜式列車座位數較多且競爭較不激烈，又比傾斜式列車好買。

假如在第一時間訂不到票，則優先嘗試分段訂位，例如拆成台北到南澳，南澳到花蓮兩段。再次失敗的話，仍可每天早上都嘗試訂票，若剛好有人退票就可以買到釋出的車票。另外台鐵的座位會有一小部分比例留在列車開行當天才釋出，因此只要時間夠早（如清晨四點），還是有機會可以訂到當天的坐票，但數量不多，並不保證能訂到。

↓夏日時分，清涼的東岳湧泉總能吸引一家大小前來戲水。

Q3 到花蓮看海首先想到七星潭，然而七星潭往往人滿為患，請問北迴鐵路沿線是否也有可看海的景點呢？

A 北迴鐵路依山傍海行駛，數站距離海灘的距離都相當近，只需步行即可到達，且因知名度不高，常常有機會能享受一個人在海邊的時光，與充斥著觀光客的七星潭相比，北迴鐵路沿線的礫石灘更推薦給讀者們前往散心。

崇德站與漢本站相似，車站的西側為蘇花公路，東側即是海灘，兩站都是出站之後往右行經蘇花公路，北上一小段後，再穿越鐵路的涵洞即可到海灘，步行距離相當短，其中崇德站的海灘北邊還可以看到清水斷崖的壯麗景觀，為北迴線不容錯過的絕景。要注意的是蘇花公路上大型車較多，行走時須注意來車，且此兩處海灘並沒有救生員，因此也禁止從事任何水上活動。東澳站到海灘的距離較長，但也僅是兩公里，與前兩處車站海灘旁就是陡峭山壁不同的地方在於，東澳海灘是一個海灣的地型，因此視野較為遼闊，壓迫感也比較小。而東澳灣也沒有救生員，要格外注意自身安全。

既然這幾處海灘都無法玩水，那是否有可以玩水的地方呢？答案是有的，位於東澳站的正北方五百公尺處的東岳湧泉，水源來自北迴線隧道，水深僅半公尺且水溫常年涼爽，夏天時總是吸引全家大小前來戲水，是個很安全的戲水區。最後提醒讀者，這幾站由於班次較少，前往時可千萬要查好離開的班次，以免好不容易在海邊散了心，回到車站卻又因為沒車搭而再次煩心。

Q4 從高雄搭南迴線列車往屏東方向時，車窗風景好多都是工地，請問未來的鐵路會有什麼變化嗎？

A 配合交通部高雄市區鐵路地下化計畫，目前左營到鳳山區間的火車皆行駛於臨時軌道，左營、高雄、鳳山也都已經切換至臨時車站，原本的路廊則以明挖覆蓋法進行地下化工程，除了將既有路線地下化之外，也將興建左營=鳳山之間共七座通勤車站：內惟、美術館、鼓山、三塊厝、民族、科工館、正義。有趣的是三塊厝站曾經是屏東線鐵路的一員，當時屏東線起點設在高雄港站，列車必須繞行壽山站及三塊厝站才繼續開往屏東方向。隨著高雄新站的啟用及高雄港站的式微，屏東線起點不再是高雄港站，三塊厝站也因為客貨運逐漸衰退最後在一九八六年被裁撤，而在二〇一七年地下化工程完工後，三塊厝車站將重生，與內惟和鼓山等三站成為台鐵史上少數被裁撤卻又風華再現的車站。

待地下化全面完工後，往後從左營開始到潮州，只剩鳳山到六塊厝一帶還能看到火車行駛在地面上的景觀，高雄站內忙著調車的機車頭、平交道前等候柵欄升起的人們、火車緩緩駛過愛河等畫面，終將成為高雄地區的鐵道回憶。

潮州地面鐵路隨著高架化通車已經消失，目前列車皆行駛於高架路線。

Q5 北迴線、南迴線與屏東線上，是否有仍在發售名片式車票的車站？

A 這三段路線目前只剩下南迴線的加祿站還買得到名片式車票。加祿站由於停靠列車班次不多，加上公路客運的競爭，因此旅客相當稀少；不過由於鄰近國軍營區，常有運送軍方物資的貨物列車停靠，貨運業務仍有一定水準，所以加祿站的車站等級和花東線上許多自強號會停靠的車站——如壽豐、池上、關山等——一樣，是一座三等站。

因為客運業務清淡，加祿站至今仍在發售傳統的名片式車票，由於沒有電腦連線，因此也並未提供訂票取票的服務。平常偌大的站房只有早上和傍晚的區間車和普快車進站時，才會稍微有一點人氣。加祿站內有一個「最大的小站」紀念章，正是這座車站的最佳寫照。

加祿站以「加祿東海」的吉祥車票聞名，站方還為此特地刻了一個「加官晉祿，福如東海」的紀念章，不過一些期限為發售日起二日或三日有效的長距離普快車票也相當有特色，只是價格偏高。站方還曾經提供集票者郵寄車票的服務(可見加祿站的業務有多麼冷清)。加祿站是鄰近的枋山站的管理站，在有列車停靠枋山站時會派員前往售票，因此在枋山站二〇〇六年底降為招呼站前，加祿站也能買到枋山站起站的名片式車票，相當有趣。

加祿站目前不發售電腦票，因此要搭車的旅客都得使用名片式車票。不過據站方表示，除了加祿東海以外，其他區間的車票都不會再請領新票，也就是賣完為止。在不發售電腦票的情況下，當加祿站所有的名片式車票都銷售一空之後，或許加祿站就會專心經營貨運，而不再售票了。幸好加祿站的名片式車票除了幾個區間已經售罄外，還有不少庫存（尤其長距離車票）。所以加祿站短時間之內還不會停止售票，想收集加祿站名片式車票的同好們也大可放慢腳步，感受加祿「最大的小站」寧靜的氣氛。

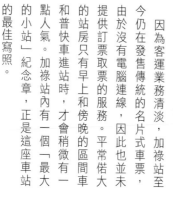

⬇ 已經裁撤的南迴線香蘭車站。

Q6 搭乘南迴線列車行經太麻里附近時，會經過兩座有月台，卻大門深鎖的車站，而且連站站停的普快車與區間車也不停靠，這是為什麼呢？

A 這兩座車站是已經廢站的香蘭站和三和站。南迴線剛通車時香蘭站和三和站都是三等站，但生意卻遠遠不如預期，搭車的旅客寥寥可數，因此分別在一九九七年二月十九日與十月月日裁撤。只剩下空蕩蕩的站房與月台、和一些名片式車票上「經由香蘭站」之類的字樣，見證這兩座車站曾經的存在。

在南迴線上，除了香蘭站和三和站，以海景聞名的多良站也因為旅客稀少，而在二〇〇六年七月一日裁撤。不過多良站美麗的海景仍吸引許多遊客造訪，因此台鐵於年初在多良站的機房上方設置了一座觀景台，讓民眾欣賞多良站的山海美景。

至於北迴線和屏東線，也有已經遭到裁撤的車站：永春站本來是北迴線從蘇澳新站出發後的第一站，但因為業務冷清，先於一九八八年七月一日降為招呼站；北迴線雙軌電氣化工程完工後，又因為與永樂站的距離太近而廢站。枋寮站北邊原本有一座建興站，同樣因為旅客稀少，而在一九九一年十二月一日裁撤，不再有列車停靠。以上幾座車站都有一個共通點，就是少有旅客、業務冷清。下次搭車經過這些廢站，不妨閉上眼睛，想像他們仍在營運時的景象。

⬆ 曾經是台灣最長鐵道隧道的舊觀音隧道。

Q7 環島鐵路網最長的山岳隧道位於何處？

A 北迴線，新觀音隧道，長一〇、三〇七公尺。環島鐵路網中，北迴、南迴兩段受地形影響，有著眾多山岳隧道。事實上，長度前十名的鐵路隧道就有五座位於北迴，三座位於南迴。和山線、宜蘭線相同，北迴線自一九八〇年通車以來，也歷經多處改線。舊線中對應到現今新觀音隧道的是三座僅僅相隔兩道狹窄溪谷的隧道，分別為：觀音、鼓音、谷風。其中長七、七四〇公尺的觀音隧道是當初最長的鐵路隧道。當時的北迴線僅有單線，北方的武塔站和南方的漢本站相距達十三公里，是一大瓶頸，因此於大部分單線淨空的觀音隧道中置一觀音號誌站，形成隧道中有號誌站的特殊景觀。在伸手不見五指的黑暗中等待交會待避也是當年搭乘北迴線列車時的一項特殊體驗。

一九九一年南迴線通車，觀音隧道被長八、〇七〇公尺的中央隧道比下去，二〇〇三年新觀音隧道完工，才又將台灣最長鐵路隧道的頭銜搶回來，至今穩坐第一。至於舊的觀音隧道近年又被用作蘇花公路改善工程的電便道，也算是創造新價值。

不止新觀音隧道，北迴線長鐵路隧道為了增進工程效率，往往以橫坑切入，數個斷面同時掘進，再加上通風等功能的坑道，構成頗不簡單的網絡，並非如想像中就是一個長長的坑而已。另外因為太長，難以深入進行養護，北迴線部分隧道區間採用壽命較長的無道碴板軌，甚至有一段剛性架空線。後者在台灣仍屬試驗性質。

打敗舊觀音隧道成為長度冠軍的中央隧道。

Q8 台鐵平均每日旅客人次最少的車站是哪一個？

A 南迴線內獅站。事實上，旅客人次最低的前幾名都位於南迴線，歷年資料中，四捨五入後幾乎不曾突破一人的就包括內獅、枋山、古莊，而其中又以內獅最慘。內獅車站位於屏東縣枋山鄉加祿村，同村境內另有加祿火車站。二〇一二年進出站旅次分別是六二人上車，一〇八人下車，也就是平均兩三天才有一人，低到令人難以置信。近兩年稍有好轉，但仍低於一人。細究其生意慘淡的原因，實乃位置不佳。南迴線自山區段駛出後，先經過俯瞰枋山溪口的枋山站，隨後一個大彎向右，接下來就是三公里和台一線屏鵝公路並行的路段，鐵、公路夾在山海之間，直到北方率芒溪三角洲上的加祿，才出現較寬闊的平地。中間這段並沒有什麼顯著的聚落，往山上雖有一些山地部落，但和火車站有一段距離，有能力的人或許會優先考量機車等私人載具。除位置因素，南迴線運行模式以對號快車為主，會停靠前述三個小站的列車，一整天下來也只有順、逆行各一班普快、一班區間停靠，更使搭乘極為不便，就算使用大眾運輸，一旁屏鵝公路上就有眾多聯結枋寮、楓港、車城，甚至遠達墾丁、高雄等地的省道客運，加起來班次密集不輸都會地區，相形之下鐵路自然處於嚴重劣勢。綜合以上諸多原因，真正會在內獅站下車的，恐怕有很大比例是專程前去尋幽訪勝的旅人。

↑ 內獅站位在彎道上，並有中國宮殿風格的月台雨遮。

Q9 屏東線在屏東＝潮州高架計畫前，為什麼林邊車站附近的鐵路已經先行高架化了呢？

A 由於長期嚴重的地層下陷問題，所以林邊附近軌道面一直低於林邊溪河岸堤防，原有林邊溪橋的橋樑底部與河床則相距僅僅二公尺。為了避免豪大雨過後，林邊溪水漫延過堤防，造成林邊鄉淹水及屏東線、南迴線停駛。因此，在二〇〇四提出「林邊溪橋改善計畫」，其中建議將林邊段（自鎮安車站以南起，終至佳冬車站以北）約四公里的鐵路高架化，直至二〇一二年六月完工。而林邊溪橋改善計畫也是屏東線第一個完工的高架化路段。

↑ 高架化的林邊車站。 攝影／呂孟原

Q10 為什麼南迴線的藍皮普快列車或復興區間車會停靠在一個沒有月台的車站呢？

A 沒有月台的車站是台鐵唯一不辦理客運業務的有人三等站——枋野站。這座位於深山祕境中的車站，周圍並無任何的民宅或商業區，本身作為列車追越或交會的地點外，主要負責監控枋野二號橋上的風速（落山風的風速過大時，列車必須減速或停駛），以及遙控中央號誌站的運作。南迴線曾有中央、菩安、富山、多良等號誌站的規畫，但目前僅存位於中央隧道西口的中央號誌站仍在使用。

↓ 深山祕境中的枋野車站。

車站全覽

文／圖 台大火車社

北迴線12站全覽

⬆ 東澳站（二等站）
24° 31'06.94 北
121° 49'49.75 東
宜蘭縣南澳鄉東岳村 1 號

⬆ 永樂站（三等站）
24° 34'03.46 北
121° 50'39.07 東
宜蘭縣蘇澳鎮永樂里圳頭路 60 號

⬆ 武塔站（招呼站）
24° 26'55.87 北
121° 46'33.68 東
宜蘭縣南澳鄉武塔村新溪路 18 號

⬆ 南澳站（三等站）
24° 27'48.31 北
121° 48'03.01 東
宜蘭縣蘇澳鎮南強里大通路 22 號

⬆ 和平站（三等站）
24° 17'53.87 北
121° 45'12.19 東
花蓮縣秀林鄉和平村 276 號

⬆ 漢本站（三等站）
24° 20'05.36 北
121° 46'04.54 東
宜蘭縣南澳鄉澳花村蘇花路 1 段 56 號

⬆ 新城站（二等站）
24° 07'39.90 北
121° 38'26.97 東
花蓮縣新城鄉新城村新興 1 路 73 號

⬆ 崇德站（三等站）
24° 10'18.81 北
121° 39'19.50 東
花蓮縣秀林鄉海濱路 96 號

⬆ 和仁站（三等站）
24° 14'27.05 北
121° 42'43.75 東
花蓮縣秀林鄉和仁路 71 號

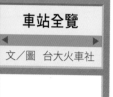

⬆ 花蓮站（特等站）
23° 59'32.00 北
121° 36'05.00 東
花蓮市國聯一路 100 號

⬆ 北埔站（三等站）
24° 01'58.09 北
121° 36'06.01 東
花蓮縣新城鄉自強街 113 號

⬆ 景美站（簡易站）
24° 05'25.22 北
121° 36'38.94 東
花蓮縣秀林鄉加灣 178-1 號

屏東・南迴線 29 站全覽

⬆ 後庄站（簡易站）
22° 38'25.41 北
120° 23'28.98 東
高雄市大寮區民慶街 9 號

⬆ 鳳山站（二等站）
22° 37'52.89 北
120° 21'27.69 東
高雄市鳳山區曹公路 70 號

⬆ 六塊厝（招呼站）
22° 39'58.36 北
120° 27'54.06 東
屏東縣屏東市長安里光復路 392 號

⬆ 九曲堂站（三等站）
22° 39'23.43 北
120° 25'15.67 東
高雄市大樹區久堂里鐵路巷 15 號

⬅ 屏東站（一等站）
22° 40'09.80 北
120° 29'10.59 東
屏東市光復路 43 號

⬆ 西勢站（三等站）
22° 36'58.61 北
120° 31'35.03 東
屏東縣竹田鄉西勢村西豐路 2 號

⬆ 麟洛站（招呼站）
22° 38'05.24 北
120° 30'51.38 東
屏東縣麟洛鄉田道村縺仔一路

⬆ 歸來站（招呼站）
22° 39'07.88 北
120° 30'10.31 東
屏東縣屏東市歸來里歸仁路 5-4 號

⬆ 崁頂站（招呼站）
22° 30'47.58 北
120° 30'53.40 東
屏東市崁頂鄉崁頂村中正路 122 號

⬆ 潮州站（三等站）
22° 33'00.31 北
120° 32'09.03 東
屏東縣潮州鎮信義路 111 號

⬆ 竹田站（簡易站）
22° 35'11.53 北
120° 32'22.80 東
屏東縣竹田鄉履豐村豐明路 27-1 號

⬆ 林邊站（三等站）
22° 25'53.14 北
120° 30'55.41 東
屏東縣林邊鄉仁和村仁愛路 33 號

⬆ 鎮安站（招呼站）
22° 27'28.72 北
120° 30'40.96 東
屏東縣林邊鄉鎮安村永和路 4 號

⬆ 南州站（三等站）
22° 29'31.40 北
120° 30'42.59 東
屏東縣南州鄉仁里村仁里路 86 號

⬆ 枋寮站（三等站）
22° 22'05.06 北
120° 35'42.42 東
屏東縣枋寮鄉枋寮村儲運路 18 號

⬆ 東海站（招呼站）
22° 23'56.42 北
120° 34'20.46 東
屏東縣枋寮鄉東海村西安路 92 號

⬆ 佳冬站（簡易站）
22° 24'50.51 北
120° 32'51.69 東
屏東縣佳冬鄉六根村復興路 21 號

枋山站（招呼站）
2° 16'01.67 北
120° 39'33.94 東
屏東縣獅子鄉內獅村內獅巷 84 號

內獅站（招呼站）
22° 18'22.50 北
120° 38'36.14 東
屏東縣枋山鄉加祿村南和路 43 號

加祿站（三等站）
22° 19'51.57 北
120° 37'28.71 東
屏東縣枋山鄉加祿村會社路 53 號

大武站（三等站）
22° 21'54.97 北
120° 54'02.91 東
臺東縣大武鄉大鳥村和平部落 33 號

古莊站（三等站）
22° 20'44.68 北
120° 52'41.45 東
臺東縣大武鄉尚武村古莊 83 號

枋野站（三等站）
22° 28'09.12 北
120° 71'71.24 東
屏東縣獅子鄉內獅巷 88 號

太麻里站（三等站）
22° 37'07.87 北
120° 00'17.98 東
臺東縣太麻里鄉大王村 276-13 號

金崙站（三等站）
22° 31'53.79 北
120° 58'02.04 東
臺東縣太麻里鄉金崙村 47-17 號

瀧溪站（簡易站）
22° 27'41.54 北
120° 56'31.00 東
臺東縣太麻里鄉多良村大溪 14 鄰 37 之 1 號

臺東站（一等站）
22° 47'37.54 北
120° 07'23.34 東
臺東市岩灣路 101 巷 598 號

康樂站（簡易站）
22° 45'51.61 北
120° 05'36.82 東
台東市博物館路 51 巷 131 號

知本站（三等站）
22° 42'36.42 北
120° 03'38.31 東
臺東市知本路二段 900 巷 85 號

圖：海天一色的仲夏南迴線。 攝影／陳威旭

作者 古庭維、蘇檠豪（半島）、林韋帆、鄧志忠、片倉佳史、黃偉嘉、陳穩立、林宜潔、籃一昌、交大鐵道會、台大火車社
總策劃 古庭維
編輯 賴虹伶
特約美編 李淨東
通路行銷 何冠龍
總編輯 郭昕詠

社長 郭重興
發行人兼出版總監 曾大福
出版者 遠足文化事業股份有限公司
地址：231 新北市新店區民權路 108-2 號 9 樓
電話：(02)2218-1417
傳真：(02)2218-8057
郵撥帳號 19504465
客服專線 0800-221-029
E-mail service@ bookrep.com.tw
部落格 http://777walkers.blogspot.com/
網址 http://www.bookrep.com.tw
法律顧問 華洋法律事務所 蘇文生律師
印製 成陽印刷股份有限公司
電話：（02）2265-1491
定價 299 元
第一版第一刷 西元 2016 年 05 月
ISBN 978-986-92889-3-4

國家圖書館出版品預行編目(CIP)資料

鐵道新旅：北迴/屏東、南迴線 / 古庭維等作. -- 第一版. -- 新北市 : 遠足文化, 民105 .5
面； 公分
典藏版

ISBN 978-986-92889-3-4(（平裝）
1.火車旅行 2.臺灣遊記

733.6 105003619